Zu diesem Buch

Als Schulprofi wird die Autorin, selbst Studienrätin und Mutter nicht ganz pflegeleichter Kinder am Gymnasium, um kostenlosen Rat gebeten, wann immer sie mit Eltern zu tun hat. Denn eines haben die Eltern alle gemeinsam: Probleme. Und die in der Regeln nicht zu knapp. Rat und Hilfe hingegen vermissen sie meist. Kein Wunder: Denn viele Tips, die wirklich nützlich wären, dürfen Lehrer und Lehrerinnen gar nicht geben. Hier gibt die Autorin unter dem Pseudonym «Katharina Block» geplagten Eltern Tips, die wirklich helfen: von der Angst vorm Schulversagen der Kinder über den effektiven Umgang mit Lehrern bis zu den leidigen Fragen rund um Hausaufgaben, Nachhilfe und angebliche Verhaltensauffälligkeiten. Und sie räumt auf mit falschen Vorstellungen über die Realität am Gymnasium. Denn nur wenn Eltern den Durchblick haben, können sie ihre Kinder wirklich verstehen und ihnen helfen.

Katharina Block

Geht es Ihnen gut, oder haben Sie Kinder am Gymnasium?

Insider-Tips vom Schulprofi

Rowohlt

Mit Kindern leben
Lektorat Bernd Gottwald

9. – 11. Tausend März 2000

Veröffentlicht im Rowohlt Taschenbuch Verlag GmbH,
Reinbek bei Hamburg, September 1998
Copyright © 1995 by Vito von Eichborn GmbH & Co. Verlag KG,
Frankfurt am Main
Umschlaggestaltung Peter Wippermann/Jürgen Kaffer,
Büro Hamburg (Illustration Mike Loos)
Gesamtherstellung Clausen & Bosse, Leck
Printed in Germany
ISBN 3 499 60503 1

Inhalt

Vorwort   5

1. Die Rolle der Eltern zwischen Hilfslehrer der Nation und nationaler Hilflosigkeit   9
Erkennen Sie sich wieder?   9
Wer fürchtet sich vorm bösen Lehrer?
Es geht um Ihr Kind und nicht um Ihr Schultrauma!   12
Das vermieste Wochenende:
Warum leidet die ganze Familie unter dem Gymnasium?   14
Elternsolidarität – ein Fremdwort?   21

2. Hauptfach Durchblick – das Gymnasium der 90er Jahre   25
Gymnasium als heimliche Volksschule:
Die Konsequenzen   25
Eltern und Gymnasium:
Die gängigsten Fehleinschätzungen   33
Was sich dringend ändern muß   37

3. »Wir wollen doch beide nur das Beste für Ihr Kind« Offene Worte über die Scheinharmonie von Eltern und LehrerInnen   41
Grundsätzlich verschiedene Interessen von LehrerInnen und Eltern   41
Jetzt gehe ich zu Dr. Specht:
Wie Eltern erfolgreich verhandeln   45
Taktisch kluger Umgang mit den verschiedenen Lehrertypen: 47
    Unfehlbare Päpste   48
    Bedingt lernfähige Betonköpfe   51
    Abwiegler   54
    Einwickler   56
    Pseudo-Psychologen   58
    Puddinge an der Wand   61
    Kooperative, kritikfähige IdeallehrerInnen   63
Elternsprechtag: Die PR-Maschine läuft auf Hochtouren   64
Elternabend: Tips für gelungene Inszenierungen   71

4. **Wenn ein Pauker untragbar wird**   78
   Wenn Gespräche nichts mehr nützen   78
   Fallbeispiel: Frau Schmitz-Gebhardt, der »Gepard«   81
   Wirksame Maßnahmen zur Entsorgung   84
   Rechtliche Schritte   86

5. **Hausaufgaben: Generationenkrieg im Kinderzimmer?**   88
   Hausaufgaben: Überflüssig wie ein Kropf?   88
   Hausaufgaben als Strafe oder als Beschäftigungstherapie:
   Wenn Eltern eingreifen müssen   90
   Mama und Papa als verlängerter Arm der
   Bildungspolitik?   93
   Das Hausaufgabenspiel: Die heimlichen Regeln   96
   Peinliche Enthüllungen, wenn LehrerInnen
   Hausaufgaben machen   100
   Welcher Hausaufgabentyp ist mein Kind,
   und wie kann ich ihm helfen?   102

6. **Nachhilfe – das heimliche Schulgeld**   109
   Fragwürdiger »Bildungsreparaturdienst«   109
   Nützt Nachhilfe?   110
   Geeignete NachhilfelehrerInnen und effektive Nachhilfe   112
   Mit Vorsicht zu genießen: Private Nachhilfeinstitute   114
   Sprachreisen und andere Auslandsaufenthalte   116

7. **Störungen: Gestörter Unterricht = gestörtes Verhalten?**   118
   Mein Kind ist eine Nervensäge und ich bin schuld!   118
   Schluß mit den Schuldgefühlen!   120
   An welchem Lehrernerv sägt mein Kind? Gängige Verhaltensauffälligkeiten und Lösungsmöglichkeiten   124
   Vorsicht, Schulpsychologe! Was viele Eltern nicht wissen   130

8. **Familienschande Schulversagen**   135
   Olaf schafft es nicht!   135
   Woran es meistens scheitert, und was Sie tun können   138
   Durchhängen in der Pubertät ohne Hängenbleiben   148

Literaturhinweise   156

Vorwort

Es gibt Tage, da habe ich keine Lust mehr, auf eine Party zu gehen, denn als Studienrätin ergeht es mir dort wie den Ärzten: Jeder will einen kostenlosen Rat vom Profi. Und tatsächlich, das Elternleid der Gäste mit Kindern am Gymnasium erscheint schier unerschöpflich. Und so höre ich sie mir wieder an, die Klagen über die ungerechte Sechs des knochenharten Lateinlehrers, die Sorgen um die Versetzung des ältesten Sohnes, die Wut über die unfähige Mathematiklehrerin, die das hochbegabte Kind einfach unterschätzt usw. usw. Handelt es sich um gute Freunde, auf deren Diskretion ich mich verlassen kann, dann gebe ich manchmal Ratschläge, die ich als Beamtin niemals vor Eltern offiziell aussprechen dürfte. »Du mußt dafür sorgen, daß diese untragbare Lehrkraft so schnell wie möglich abgelöst wird, ehe die Kinder nachhaltig geschädigt werden. Ihr geht am besten so vor . . .« Solche Insider-Tips sind sonst nur Eltern mit guten Beziehungen vorbehalten. Im Schulprofi sollen sie endlich einmal für alle offengelegt und beim Namen genannt werden.

»Was würdest Du denn als Schul-Profi unternehmen, wenn es um Deine Kinder ginge?« werde ich immer wieder gefragt, und nach 15 Dienstjahren am Gymnasium fallen mir immer gangbare Lösungswege ein. Noch viel mehr aber habe ich in meiner Doppelrolle als Mutter nicht ganz pflegeleichter Kinder am Gymnasium gelernt. Nur wenn man beide Seiten des Bildungsgeschäftes in der Praxis kennengelernt hat, kann man die Spielregeln des Systems und die Rollen der Beteiligten realistisch einschätzen. Irgendwann habe ich dann angefangen, kleine Problemfälle und regelrechte Schultragödien systematisch zu sammeln. Alle Beispiele im Schulprofi haben sich tatsächlich so abgespielt wie beschrieben. Nur die Namen sind geändert.

Wenn Eltern wüßten, wieviel Druck sie im System Schule ausüben könnten, wenn sie ihre Möglichkeiten richtig und solidarisch nutzten! Leider ist es aber in der Praxis so, daß die große Mehrheit der Eltern hilflos und oft genug auch falsch reagiert, wenn ihre Kinder sie mit Schulproblemen konfrontieren.

Anders als z. B. in den USA gibt es Deutschland aber noch kein »school counseling«, d. h. keine *unabhängige* und *professionelle* Beratung. Während ein Heer von Steuerberatern, Rechtsanwälten oder Finanzberatern in allen Lebenslagen Hilfe anbietet, sind die Eltern heute weitgehend alleingelassen, wenn es um Krisenmanagement bei den Schulproblemen ihrer Kinder geht. Dieses Buch will dazu beitragen, daß diese Lücke endlich geschlossen wird.

Der Schulprofi, leider ist eine weibliche Variante dieses Titels nicht auffindbar, versucht Ihnen zunächst klarzumachen, wo die Wurzeln Ihrer Probleme als Eltern liegen, woher Ihre unbegründeten Ängste und Ihr Fehlverhalten kommen. Das Buch bietet Ihnen einen Auffrischkurs zum Thema: Wirklichkeit an deutschen Gymnasien.

Mit sachlicher, wirklichkeitsgerechter Einschätzung Ihrer Rolle als Eltern von GymnasiastInnen können sie dann bei Gesprächen mit den LehrerInnen viel effektiver die Interessen Ihrer Kinder wahrnehmen und durch geschicktes Verhalten Probleme tatsächlich einer Lösung näherbringen.

»Geht es Ihnen gut, oder haben Sie Kinder am Gymnasium?« ist nicht nur eine flapsige Begrüßungsformel, sondern auch Ausdruck des alltäglichen Leids der Eltern. Grund für den Streß sind vor allem die Hausaufgaben. Der Schulprofi erklärt, wie Sie dem nachmittäglichen Kleinkrieg wirkungsvoll begegnen können und durch neue Verhaltensstrategien Krisen meistern können.

»Meinst Du, wir sollten es mal mit Nachhilfe versuchen?« werde ich immer wieder gefragt. Obwohl die Eltern bereit sind, tief in die Tasche zu greifen, um das Überleben ihres Kindes am Gymnasium zu sichern, haben nur die wenigsten eine Ahnung, wie es um die Wirklichkeit auf diesem Markt bestellt ist. Der Schulprofi beleuchtet den Nachhilfemarkt kritisch und verrät, wie Sie Ihrem Kind am besten und effektivsten helfen können, ohne dabei in die Fänge dubioser Anbieter zu geraten.

Regelrechte Familientragödien spielen sich ab, wenn die Kinder ganz und gar nicht dem Wunschbild des ordentlichen, fleißigen und begabten Gymnasiasten entsprechen und durch sogenanntes auffälliges Verhalten oder gar Schulversagen zu scheinbaren Problemkindern werden. Ehe Sie anfangen, über theoretische Ursachen zu spekulieren oder gar professionelle Helfer wie die Schulpsychologen einschalten, sollten Sie erst einmal die beiden letzten Kapitel des Schulprofis lesen. Wann Sie Ihr Kind mit dem Wunschziel Abitur objektiv überfordern und auf Dauer schädigen, wird schonungslos offengelegt. Es wird aber auch gezeigt, wie Sie abseits der ausgetretenen Pfade neue Lösungsmöglichkeiten umsetzen können.

Härtester Prüfstein in der Eltern-Kind-Beziehung ist die Pubertät ohnehin, aber für die Eltern von GymnasiastInnen kommt noch das Problem hinzu, daß die Jugendlichen in dieser Phase häufig zu Leistungsverweigerern mutieren. Das Abitur rückt in weite Ferne. Ehe Sie als Eltern verzweifeln und zu schädlichen Radikallösungen greifen, sollten Sie es mit den Insider-Tips dieses Buches versuchen.

Das Anliegen des Schulprofis ist leicht auf einen Nenner zu bringen: Die gymnasiale Laufbahn darf nicht zum Leidensweg für alle Beteiligten werden. Sie als Eltern können es verhindern!

1. Die Rolle der Eltern zwischen Hilfslehrer der Nation und nationaler Hilflosigkeit

Erkennen Sie sich wieder?

Spätestens beim Abendessen kommt es zum Knall: Schlechte Noten der Kinder kollidieren mit zu hohen Erwartungen und schwachen Nerven der Eltern. Die folgende Episode wiederholt sich jeden Tag tausendfach in deutschen Familien, die eines gemeinsam haben: Kinder am Gymnasium.

Das alltägliche Familienleid

Brigitte und Hans-Georg Klein, Eltern eines 14jährigen Gymnasiasten, werden genau wie zahllose andere Eltern mit all dem Schulfrust konfrontiert, den ein Kind am Gymnasium in die Familie hinein trägt.
Wenn Sie sich oder Ihren Partner in den folgenden Szenen wiederfinden können, genauso hilf- und erfolglos agieren wie Brigitte und Hans-Georg, dann brauchen Sie dringend den Durchblick und die Lösungsstrategien, die der Schulprofi anbietet.

Der Schulfrust der Eltern

Heiko Klein ist seit vier Jahren Schüler am Kurt-Schumacher-Gymnasium in Z. Seit einem Jahr steht er wacklig, vor allem in Englisch. Die ersten Anzeichen der Pubertät machen sich bemerkbar.
»Ich sag's Dir gleich, wir haben die Englischarbeit zurück. Wieder daneben«, schockt er seine Mutter Brigitte, als sie nach Hause kommt. Scheinbar gleichgültig wirft Heiko sich in den Sessel und stellt seinen Walkman auf max. Volume.
Brigitte setzt die Einkaufskiste ab und greift nach dem Heft mit dem fatalen Urteil: noch mangelhaft. »Du mußt endlich die unregelmäßigen Verben lernen und Dich beim Hörverstehen besser konzentrieren!« hat Englischlehrer Kaspar als Tip für Heikos Weiterkommen notiert.

Brigittes Stimmung sinkt auf den Nullpunkt. »Die ganze Lernerei, der ewige Kampf um die Hausaufgaben, war denn wieder alles umsonst?« denkt sie und schwankt zwischen Wut, Enttäuschung und Resignation.
»Heiko, stell' das Ding ab und komm' her«! sagt sie, aber das Dröhnen von Heikos Heavy Metal Tape läßt keine Reaktion zu.
Natürlich weiß Brigitte, daß Heiko hinter seinem coolen Auftreten mindestens so angeschlagen ist wie sie selbst. Brigitte räumt erst einmal die Lebensmittel weg und verschiebt den großen Zoff auf abends: »Hans-Georg muß auch etwas tun. Heute abend müssen wir mit Heiko reden«, beschließt sie.

Als Hans-Georg seinen Aktenkoffer im Flur abstellt, darf er gleich die Hiobsbotschaft entgegennehmen: »Heiko hat die Englischarbeit verhauen. Jetzt tu' Du auch mal was!« Hans-Georg ist ohnehin geladen, reißt Heikos Zimmertür auf und schon beginnt der Streit. Am Ende weinen Mutter und Sohn, während es Hans-Georg leid tut, daß er Heiko zu hart angefaßt hat. Heiko verschwindet zu seinem Freund und beide »ziehen« sich Videos zweifelhaften Inhaltes »rein«, während Hans-Georg und Brigitte deprimiert am Küchentisch sitzen und beratschlagen. Ihr Gespräch dreht sich im Kreis. Mal ist der unfähige Englischlehrer schuld, denn er kann den Kindern nichts beibringen. Daß hier nicht allein die Ursache für Heikos Versagen liegen kann, erkennt Brigitte, denn Nachbarsohn Thomas Krautkrämer hat eine Eins, insgesamt gab es sogar 10 Zweier. »Dann ist eben Heiko selbst schuld, mit dem ganzen Video- und Computerquatsch im Kopf.« Brigitte kennt Heiko zu gut und greift Hans-Georg an: »Du hast Dich ja auch nie gekümmert! Du warst doch selber am Gymnasium und hast Englisch gelernt. Warum übst Du nie mit Heiko?«
Die Erinnerung an seine eigene Schulzeit löst bei Hans-Georg heftige Gefühle aus. Endlos erzählt er von Paukern, die ihn fertigmachen wollten, wie er es ihnen gezeigt hat, wie er sich selbst durch Pennälertricks aus dem Schlamassel befreit hat. Brigitte kennt diese Stories schon auswendig.
»Der Heiko ist so schlaff, der Junge hat einfach keinen Biß!« beschwert sich Hans-Georg zum x-ten Mal.

Am Wochenende gibt es eine Party bei Brigittes bester Freundin. Schule ist − wie immer bei Treffen von Eltern im mittleren Alter − Thema Nummer eins. Aufgebracht wird über die faulen inkompetenten Lehrer hergezogen. Fast jeder hat Geschichten von Ungerechtigkeit, Disziplinlosigkeit und Schikanen am Gymnasium beizusteuern. Wie üblich werden wieder die Stories aus der eigenen Pennälerzeit aufgewärmt.
Brigittes Laune ist getrübt, denn die unsympathische Frau Krautkrämer ist auch anwesend und tut ganz erstaunt: »Ich weiß nicht, was Ihr alle gegen den Kaspar habt. Thomas kommt in Englisch gut mit ihm zurecht. Er schreibt nur Einser.«
Die Angeberei mit Krautkrämers Superkindern geht Brigitte wahnsinnig auf die Nerven. Sie macht sich große Sorgen um Heiko. Ob er je das Abitur schafft? Wie soll er ohne Studium einen anständigen Beruf bekommen, wo das Abitur doch schon so wenig zählt? Was soll Heiko bloß ohne Abschluß machen?

Am Dienstag haben Hans-Georg und Brigitte einen Gesprächstermin bei Herrn Kaspar. Er empfängt im Klassenraum, das Pult steht zwischen Lehrer und Eltern, die auf den kleinen Schülerstühlen hocken. Während Brigitte lieb und nett um Rat und Hilfe bei Herrn Kaspar bittet, packt Hans-Georg im Gespräch die innere Wut: »Dieser arrogante Pauker, der sich anmaßt, über meinen Sohn herzuziehen«. »Wie kommt es eigentlich, daß Heiko im letzten Jahr bei Frau Samtmann noch eine gute Drei hatte?« fragt er provozierend. Die Konfrontation ist programmiert. Das Gespräch verläuft ergebnislos.

Heiko landet schließlich bei einem professionellen und sündhaft teuren Nachhilfeinstitut. Er schafft vorübergehend die Vier minus, sackt aber im nächsten Schuljahr wieder ab.
Die ganze Sache ist verfahren und das Verhältnis zu seinen Eltern nähert sich dem Gefrierpunkt.

Heikos Geschichte zeigt die gängigsten Rollenkonflikte auf, mit denen sich die Eltern heutiger Gymnasiasten herumschlagen müssen. Treffen die folgenden Punkte auch auf Sie zu?

Sieben typische Elternprobleme

1. Sie schwanken wie Brigitte zwischen Ihrer Rolle als unfreiwillige Hilfslehrerin und als beschützende Mutter.
2. Sie geben auch abwechselnd sich selbst, Ihrem Kind, Ihrem Partner und den Lehrern die Schuld an den Schulproblemen Ihrer Kinder.
3. Sie vergleichen wie Hans-Georg Verhalten und Leistung Ihrer Kinder mit Ihren eigenen Erfahrungen in der Schule.
4. Es fällt Ihnen auch so schwer, mit kühlem Kopf an die Schwierigkeiten Ihres Kindes heranzugehen.
5. Sie sind auch schon mit den besten Absichten zu Gesprächen mit Lehrern aufgebrochen und haben es dann vermasselt, weil Sie zu emotional waren.
6. Ihre Einstellung zu Lehrern schwankt wechselweise zwischen einer Einschätzung als Partner oder als Feind.
7. Sie sehen wie Brigitte die Zukunft Ihres Kindes in den schwärzesten Farben, wenn sie oder er am Gymnasium versagt.

Die Elternzwickmühle

Es besteht die winzige Möglichkeit, daß Sie wie Frau Krautkrämer völlig pflegeleichte Erfolgskinder ans Gymnasium geschickt haben und Sie Ihre Elternrolle harmonisch und gelassen wahrnehmen. Wahrscheinlich gehören Sie aber zu der überwältigenden Mehrheit aller Eltern, die mindestens bei drei Punkten seufzend »ja« sagen müssen und nichts sehnlicher herbeiwünschen als den Tag, an dem ihre Lieblinge die Anstalt Schule verlassen. Warum Sie als Eltern in der Zwickmühle sitzen, woher die Ängste und Gefühlsschwankungen rühren, wenn es um Schule geht, erklärt der Schulprofi. Welche Rolle Sie wirklich spielen sollten, wann Sie Ihrem Kind mehr nützen als schaden und wie Sie mit den LehrerInnen umgehen sollten, wird in den folgenden Kapiteln verraten.

> **Hinweise auf die Kniffe und Tricks in: Katharina Block: »Der Gymnasiastenretter. Strategien für Eltern und clevere Schüler«. Frankfurt 1993.**

Gezielte Kniffe und Insiderwissen über die »geheimen« Spielregeln am Gymnasium für die SchülerInnen wurden im »Gymnasiastenretter« verraten. Gelegentlich ist es aber auch für Eltern interessant, das Schüler-Know-how zum Beispiel über Versetzungstricks zu kennen. Der Schulprofi weist Sie jeweils auf die Informationen im »Gymnasiastenretter« hin, wenn sie im Zusammenhang mit einer Problemstellung wichtig sind.

Wer fürchtet sich vorm bösen Lehrer? Es geht um Ihr Kind und nicht um Ihr Schultrauma!

> **Die eigene Schulzeit als Alptraum**

Wie gelähmt steht die Kandidatin vor dem Prüfungsausschuß. An der Tafel droht eine komplizierte Mathematikaufgabe. »Lösen Sie diese Gleichung!« fordert der Prüfer. Die Abiturientin versucht sich verzweifelt zu erinnern, aber sie hat solche Aufgaben noch nie vorher gesehen. Sie will sprechen, doch die Zunge gehorcht ihr nicht mehr. Keinen Laut kann sie von sich geben. »Martina, wir fordern Sie nochmals auf, diese Aufgabe an der Tafel vorzurechnen. Es geht um Ihr Abitur«, hört sie ihren Mathematiklehrer sagen. Der kalte Schweiß bricht aus. »Mein Gott, was sollen diese Zeichen an der Tafel bloß bedeuten? Warum weiß ich nicht, wie ich die Aufgabe lösen soll? Warum habe ich nicht vorher gelernt?« geht es Martina durch den Kopf. Sie senkt den Blick, schaut auf ihre Füße und stellt plötzlich fest, daß sie splitternackt vor der Kommission steht.

Schweißgebadet wacht sie auf.

Welcher Erwachsene mit Reifeprüfung träumt nicht von grauenhaften Prüfungssituationen, in denen er abwechselnd versagt oder gedemütigt wird? Nackt vor der Abiturkommission zu stehen, ist ein Standard-Alptraum, der beweist, daß sich die Ängste aus der eigenen Schulzeit tief ins Unterbewußtsein eingegraben haben. Kaum ein ehemaliger Schüler, der sich nicht als ungerecht behandeltes Opfer zynischer Pauker fühlte, die ihre Macht an wehrlosen Kindern auslassen. Nur wenige Glückliche unter den Eltern heutiger GymnasiastInnen haben die eigene Schulzeit als fröhlich und unbelastet erlebt.

Fast alle bringen also ein massives Trauma aus der Jugendzeit mit, das für immer den Blick auf die Schulwirklichkeit in den 90er Jahren verstellt.
Warum es Erwachsenen, die sonst nüchtern und sachlich an Probleme herangehen, so schwerfällt, in Punkto Schule einen kühlen Kopf zu behalten, ist einfach zu erkären:

Das Schultrauma verstellt die klare Optik

Es geht am Gymnasium, in der schwierigsten Lebensphase überhaupt, der Pubertät, um die Bewältigung dreier entscheidender Aufgaben:
Die Jugendlichen müssen sich einen Platz in der Gruppe der Gleichaltrigen erkämpfen.
Sie müssen sich zum anderen durch Leistung qualifizieren bzw. aufpassen, daß sie bei der Auslese nicht durch die Maschen fallen.
Schließlich findet in der Schulzeit auch noch die Auseinandersetzung mit der Erwachsenengeneration statt, und die LehrerInnen sind hier nur Stellvertreter.
Die Angst zu versagen, die Zurechtweisungen durch scheinbar allmächtige LehrerInnen haben ihre Spuren hinterlassen. Erinnerungen an die Schulzeit beschwören immer auch negative Erinnerungen an die komplizierteste Phase der eigenen Biographie herauf. Dazu kommt noch, daß in diesem Lebensabschnitt viele Einstellungen für immer geprägt werden. Nie wieder ist man so leicht verwundbar und so leicht aufnahmebereit wie als Teenager.

Gymnasialzeit als schwierigste Zeit des Lebens

Die Schulerfahrung prägt Ihre Einstellung für immer

Zwar glorifiziert fast jeder Erwachsene im nachhinein ganz besondere LehrerInnen, die »wirklich etwas beibringen konnten«, das Lehrerbild der meisten Erwachsenen ist jedoch von den Negativerfahrungen geprägt. Auch mit den Eltern ficht ein Pubertierender bekanntlich heftige Kämpfe aus, er versöhnt sich später als Erwachsener aber schließlich mit ihren Schwächen, eine Chance, die den wenigsten LehrerInnen eingeräumt wird. So bringen fast alle Eltern, wenn sie sich mit LehrerInnen befassen müssen, ihr Schultrauma mit, und das mit verheerenden Folgen für die Kinder.
Wieviel einfacher wäre der Umgang mit Paukern, wenn die Eltern sie einfach als das nähmen, was sie sind: Verwaltungsbeamte wie viele andere auch.

Ihr Schultrauma schadet den Kindern

> **LehrerInnen sind nur Verwaltungsbeamte wie viele andere auch**

Kämen Sie etwa auf die Idee, den Sachbearbeiter beim Finanzamt, der für Ihre Einkommensteuer zuständig ist, am Sonntag privat zu Hause anzurufen und ihm vorzujammern, daß Sie einfach nicht mit Ihren Werbungskosten klarkommen?

Unterhalten Sie sich auf Partys mit Freunden über die komplizierte Psyche des Oberamtmannes, der gerade Ihren Bauantrag bearbeitet?

Finden Sie es lustig, wenn die Angestellten einer Firma beim Ausscheiden eine quasi öffentliche Bierzeitung herausgeben, in denen ihre ehemaligen Chefs als Versager und Witzfiguren dargestellt werden?

Wohl kaum, aber für LehrerInnen finden viele Eltern es durchaus zumutbar. Anders als beim Bauantrag zum Beispiel überlassen sie den Paukern ja ihr teuerstes Gut, das eigene Fleisch und Blut, und damit setzt scheinbar der kühle Verstand aus.

> **Beim Thema Schule setzt der kühle Verstand aus**

Während sie bei der Einkommensteuer geschickt taktieren, kluge Steuerberater konsultieren und gut Wetter beim Finanzamt machen, wenn es darauf ankommt, gehen sie viel zu emotional und unbedacht vor, wenn die Schulprobleme der Kinder zu lösen sind.

> **Erreichen Sie das Beste für Ihr Kind!**

Viele Eltern müssen lernen, mit dem Thema Schule anders umzugehen. Nicht die Bewältigung des eigenen Schultraumas ist Ziel Ihres Einsatzes! Es geht schlicht darum, für Ihr Kind das Beste zu erreichen.

Das vermieste Wochenende: Warum leidet die ganze Familie unter dem Gymnasium?

> **Angst und Lerndruck vor Klassenarbeiten belasten die Familie**
>
> **Längst verboten, immer noch praktiziert: Hausaufgaben übers Wochenende**

Haben geplagte Eltern so faszinierende Nachmittagsveranstaltungen wie das Mütterbasteln im Kindergarten überstanden, mußten wochenlang Käseecken essen, damit aus der Adlerkäse-Schachtel eine Martinslaterne für die Grundschule entstehen konnte, droht neuer Streß, wenn die lieben Kleinen am Gymnasium sind. Quelle der vielen vermiesten Wochenenden sind zwei Mitbringsel der Kinder aus der Schule: Angst und Lerndruck vor Klassenarbeiten (in einigen Bundesländern auch »Schulaufgaben« genannt) und Tests. Zum anderen Überfrachtung der »freien« Tage mit Hausaufgaben trotz Hausaufgabenverbots an Wochenenden in den meisten Bundesländern. Genau so ein unerquickliches Wochenende bahnt sich bei den Werners in M. an:

Sylvia Werner ist in Klasse 10 des Käthe-Kollwitz-Gymnasiums, ihr kleiner Bruder Hendrik in Klasse 6. Die beiden Geschwister könnten nicht verschiedener sein: Sylvia brennt vor Ehrgeiz, während Hendrik gern den coolen Faulenzer abgibt, für den Schule Nebensache ist. Frau Werner arbeitet halbtags als Steuerberaterin und lebt seit einem Jahr mit einem neuen Partner, Klaus Steinmann, zusammen. Ihren »kleinen« Sohn hatte die Scheidung vor drei Jahren sehr mitgenommen. Vorher war Hendrik ein munterer Grundschüler mit akzeptablen Leistungen gewesen, aber schon im Vorfeld der Trennung verwandelte er sich in einen kleinen Desperado, der freiwillig nichts mehr für die Schule tun wollte und seiner Grundschullehrerin schließlich nur noch durch dramatisch verschlechterte Noten auffiel.
Trotzdem riet die Grundschullehrerin Frau Werner, daß sie Hendrik aufs Gymnasium schicken sollte. Sie glaubt an Hendriks Begabung. Da saß er nun in Klasse 6, war verschlossen und unkonzentriert. Seine Noten im Hauptfach Englisch und in den typischen Lernfächern Biologie und Physik schwankten zwischen vier minus und fünf.
Hendriks lange dünne Beinchen steckten in überdimensionalen, bunten Baseballschuhen. Das schwarze Guns 'n Roses-T-Shirt und die Baseballkappe wirkten rührend martialisch. Diese Kappe war für Hendrik scheinbar lebenswichtig. Nur wenn Frau Werner Druck ausübte, nahm er sie zu den Mahlzeiten ab. Schwester Sylvia ließ keine Gelegenheit aus, Hendrik deswegen aufzuziehen. Sie selbst gab sich nur »edelschlicht« und damit beugte sie sich dem Kleidungsdiktat ihrer Mädchenclique. Diese Gruppe war auf Leistung fixiert. Sylvia kämpfte verbissen um die Zugehörigkeit zur Leistungsspitze in der Klasse. – »Sie ist überangepaßt«, diagnostiziert ihr neuer Stiefvater Klaus. Als Sozialarbeiter kann er Jugendliche gut einschätzen.

Die ganze Familie freut sich aufs Wochenende. Es ist Ende Mai und die Wettervorhersage vielversprechend. Jedes Familienmitglied knüpft ganz bestimmte Hoffnungen an diese freien Tage: Hendrik möchte zu Freund Tom fahren, dort übernachten und neue Computerspiele ausprobieren.
Sylvia möchte mit ihrer Mutter Klamotten für den Abschlußball ihrer Tanzstunde kaufen, lesen und in der Sonne liegen.
Die Erwachsenen sind zwiespältiger: Frau Werner will endlich einmal etwas mit der ganzen Familie unternehmen, damit sich alle besser verstehen. Andererseits sehnt sie sich auch danach, mit Klaus allein zu sein, denn die ewigen Spannungen mit den Kindern gehen ihr auf die Nerven. Klaus denkt ähnlich, möchte aber etwas tun, um die schwierige Beziehung zu den Kindern zu verbessern.

Als aufgeschlossene Familie setzen die Werners am Donnerstagnachmittag eine Familienkonferenz an, in der jeder aussprechen kann, wie er sich das Wochenende vorstellt. Klaus schlägt für Samstag eine ganztägige Radtour vor. »Geht nicht!« ruft Sylvia gleich. »Ich muß mit Mammi Klamotten für den Abschlußball kaufen. Außerdem schreiben wir Dienstag eine Französischarbeit. Tut mit leid, aber ich muß lernen. Für Deutsch muß ich auch noch eine Lektüre lesen.«

Als Hendrik seinen Vorschlag einbringt, bei Tom zu übernachten, schaltet sich seine Mutter ein. »Wir wollten doch etwas Gemeinsames machen, außerdem mußt Du was für die Schule tun. Klaus will sich doch mit Dir hinsetzen und Englisch üben. Für Biologie mußt Du auch noch lernen.«
Klaus hat schon gar keine Lust mehr, einen eigenen Vorschlag zu machen.
Schließlich »einigt« sich die Runde auf einen Kompromiß:
Sylvia und ihre Mutter gehen einkaufen, Hendrik besucht Tom, ohne zu übernachten und übt mit Klaus. Frau Werner und ihr Partner machen die Radtour am Sonntag alleine.

Familien-Insider haben schon erkannt, was sich bei den Werners anbahnt: ein zerfasertes Wochenende ohne viel Gemeinsamkeit.
Hendrik verbringt schließlich endlose Stunden am Schreibtisch, übt aber effektiv höchstens 20 Minuten. Klaus Steinmanns Nachhilfeversuche scheitern kläglich. Er kommt einfach nicht an Hendrik heran.
Sylvia ist nach dem Einkaufen nicht mehr ansprechbar und verschanzt sich hinter ihren Büchern oder blockiert das Telefon für Stunden. Auch die Fahrradtour der beiden Erwachsenen ist wenig erholsam, denn Sylvia und Klaus haben eine Auseinandersetzung über ihre Familiensituation und wie sie mit den Schulproblemen der Kinder zurechtkommen sollen.

Am Sonntagabend sind alle gereizter als am Freitag. Frau Werner telefoniert noch mit ihrer besten Freundin und klagt: Die Schule hat uns das ganze Wochenende ruiniert.

SchülerInnen haben keine sauber getrennte Freizeit

So wie den Werners geht es Hunderttausenden von Familien. Noten- und Lerndruck überschatten die Bedürfnisse nach Entspannung und harmonischem Miteinander in der Freizeit.
Während die meisten Erwachsenen eine saubere Trennlinie zwischen Beruf und Freizeit ziehen können, gibt es für SchülerInnen keine klar definierte freie Zeit. Klassenarbeitsvorbereitungen, Hausaufgaben, Lektürevorbereitungen finden nun einmal zu Hause statt.

Zwingen Sie die LehrerInnen zur Einhaltung der Erlasse!

Unmittelbare, allerdings nur oberflächliche Abhilfe ist zu schaffen, wenn es den Eltern gelingt, durchzusetzen, was längst durch Erlasse geregelt ist: Über das Wochenende dürfen keine Hausaufgaben gestellt werden. Montags dürfen keine Klassenarbeiten geschrieben werden. Diese Erlasse erfolgten auf Druck engagierter Eltern, die einsichtig erkannten und durchsetzten: Für die Kinder und für die Familie muß es einen schuldruckfreien Zeitraum geben. Eltern mit Teenagern sind in den 90er Jahren genug gebeutelt, denn die Familien müssen Probleme auffangen wie nie zuvor. Unterhaltungselektronik, Konsumverlockungen und Suchtgefährdung sind nur einige davon.

s. Gymnasiastenretter, S. 98 – 104: Die Hausaufgabenregelungen nach Bundesländern

Wenn einzelne FachlehrerInnen Ihrer Kinder sich über diese weisen

Erlasse hinwegsetzen, dann gilt es, gemeinsam mit anderen Eltern Druck auszuüben. Der Sinn vieler Hausaufgaben liegt ohnehin im dunklen. Wenden Sie sich an die ElternsprecherInnen der Klasse. Sorgen Sie dafür, daß allzu hausaufgabenwütige Pauker Ärger bekommen. Bei allem Interesse an guten Leistungen Ihrer Kinder haben Sie dennoch ein Anrecht auf freie gemeinsame Zeit.

Eine andere Möglichkeit wäre ein Eintrag ins Heft mit etwa folgendem Wortlaut: »XY konnte die von Ihnen gestellte Hausaufgabe nicht erledigen, da er/sie sich am Wochenende an den Aktivitäten der Familie beteiligt hat. Wir möchten Sie auf die Hausaufgabenregelung unseres Bundeslandes hinweisen, wonach das Wochenende hausaufgabenfrei zu halten ist.« Auch hier ist es wie immer wichtig, daß sie nicht als Einzelkämpfer auftreten, sondern auch andere Eltern davon überzeugen, daß es solche Hausaufgaben nicht geben darf.

Die Ausnahme: vorher gestellte Hausaufgaben

Es gibt jedoch eine Ausnahme: Werden die Hausaufgaben zum Beispiel bereits am Donnerstag für die kommende Woche gestellt, dann greift die Wochenendregelung nicht, mit der Begründung, daß die Hausaufgaben ja am Donnerstagnachmittag erledigt werden könnten. In der Regel sind Teenies aber selten Meister der Selbstorganisation und schieben, wie die Erwachsenen auch, lästige Pflichten bis auf den letzten Drücker vor sich her, vor allem dann, wenn sie mit der Aufgabe überfordert sind. Wenn Sie als Eltern überhaupt in die Erledigung der Hausaufgaben eingreifen können oder wollen, dann sollten Sie durchsetzen, daß die Aufgaben *ausnahmslos* an dem Tag erledigt werden, an dem sie gestellt wurden. Ähnlich dem Zähneputzen muß diese Regel so früh wie möglich antrainiert werden, damit sie in schweren Zeiten wie der Pubertät, wenn die Kinder »durchhängen«, noch einigermaßen wirksam ist.

Eine Regel wie das Zähneputzen: Hausaufgaben immer am selben Tag erledigen!

Das eigentliche Problem des Leistungsdruckes ist damit jedoch noch lange nicht gelöst. Gehen wir noch einmal zu unserem Familienbeispiel zurück. Natürlich gibt es bei beiden GymnasiastInnen objektiven Leistungsdruck. Hätte Hendrik zum Beispiel die Woche über gewissenhaft alle Aufgaben gemacht und gelernt, stünde das Wochenende tatsächlich zur freien Verfügung. Aber vielleicht hat Hendrik gar keine Motivation, durch Vorarbeiten der Familie

Leistungsdruck ist oft nur ein Vorwand

zur freien Verfügung zu stehen. Das angebliche Übenmüssen ist bei Hendrik und Sylvia, wie bei vielen Kindern, auch Vorwand, sich den Ansprüchen der Familie zu entziehen.

Jugendliche in der schwierigen Auseinandersetzungsphase der Pubertät lehnen die Interessen und Aktivitäten der Eltern oft als »doof« oder »verspießt« ab. Da kommen Klassenarbeiten gerade recht, um sich vor allzu viel »ödem« Zusammensein mit den Erwachsenen zu schützen. Hendrik arbeitet ja effektiv nur 15 Minuten. Wäre er scharf auf eine Fahrradtour, könnte er diese Viertelstunde schnell irgendwann einschieben. Frau Werner müßte also nachfragen: »Hast Du keine Lust zu einer Fahrradtour, oder ist Dir die Schule wichtiger?« Dann wäre Hendrik vielleicht mit der Wahrheit herausgerückt, daß er die Fahrradtour mit Klaus »ätzend« findet.

Auch bei Sylvia werden die Schularbeiten nur vorgeschoben. In Wirklichkeit sind ihr die Freundinnen und deren Anpassungsdruck viel wichtiger als ihre Familie. Ihr Ansehen in der Clique, das eng mit Superleistungen zusammenhängt, und die Bewunderung für die von allen vergötterte Deutschlehrerin sind der wirkliche Antrieb für ihr Lernen am Wochenende.

Zusätzlich ist Sylvias Verhältnis zu Klaus nicht unbelastet. Insgeheim ist sie eifersüchtig, weil ihre Mutter Klaus scheinbar mehr Aufmerksamkeit schenkt als ihr.

Schule als Sündenbock

Bei den Werners dient die Schule also als willkommener Sündenbock für ganz anders gelagerte Schwierigkeiten. Die Kinder haben begriffen: Der Hausaufgaben- und Lernvorwand zieht deshalb so gut, weil für ihre Eltern die Leistungen der Kinder so zentral sind, daß sie immer bereitwillig alles andere dafür zurückstellen.

Drei Lösungsansätze

Kein Ratgeber der Welt kann mit ein paar Sätzen die Familienprobleme der Werners lösen. Trotzdem gibt es für diese »Sündenbockrolle« der Schulleistungen Möglichkeiten, die die unselige Verquickung auflösen können.

Vereinbaren Sie feste Zeiten!

Vereinbaren Sie feste Zeiten, zu denen alle Familienmitglieder ihre Pflichten am Wochenende erfüllen, zum Beispiel am Freitagnachmittag zwischen 18 und 20 Uhr oder am Samstag zwischen 15 und 17 Uhr. Länger als zwei Stunden zu lernen, ist ohnehin illusorisch.

Sie selbst können in dieser Zeit ja ebenfalls lästige Pflichten abhaken. Wichtig ist, diese Phase ganz fest im Familienwochenende zu verankern. Lassen Sie keine Ausnahme gelten.

Lassen Sie sich nicht täuschen!

Gestehen Sie sich ein, daß die große Familiengemeinsamkeit am Wochenende vielleicht eine Illusion ist. Lassen Sie sich nicht von den Fassaden anderer scheinbar intakter Familien täuschen. Überall, wo es Eltern mit Teenagern gibt, gibt es auch Stunk. Leben Sie einfach mit dem Bewußtsein, daß es schwierig ist, aber lassen Sie sich nicht vom Hausaufgabenvorwand ködern. Fragen Sie, was wirklich dahintersteckt.

Ändern Sie Ihren Wortschatz!

Streichen Sie die Vokabeln »Klassenarbeiten, Klausuren, Tests, Abitur« usw. aus Ihrem Wochenendwortschatz. Allenfalls in der fest vereinbarten Arbeitsphase darf der Leistungsdruck Thema sein.

Der wirkliche Grund für den Zugriff des Gymnasiums auf die Familie

Wo aber liegt der eigentliche Grund dafür, daß Eltern sich das Wochenende vom Gymnasium vermiesen *lassen?* Die Antwort liegt in der gesellschaftlichen Bedeutung der Schule für den späteren Status der Tochter oder des Sohnes. Es mutet archaisch an, aber in allen Kulturen der Welt, unabhängig von der jeweiligen historischen Epoche, müssen die Familien eine zentrale Aufgabe erfüllen: Ihre Nachkommen sollen möglichst dieselbe Position in der Gesellschaft einnehmen wie sie selbst – oder eine höhere. Gelingt dies nicht, wird Versagen attestiert. So wird etwa der Sohn eines Medizinmannes wieder Medizinmann, die Häuptlingstochter heiratet einen Häuptlingssohn. Umgekehrt passiert es eben nur im Märchen, daß der Königssohn als armer Bettler durch die Lande ziehen muß oder ein armer Schneider zum Prinzen wird. In der Industriegesellschaft hat die Geburt an Bedeutung für den gesellschaftlichen Status verloren. Die Leistungsgesellschaft fordert Qualifikation für die Vergabe der beruflichen Position, wenn auch Beziehungen und Gemauschel immer noch ihren Platz haben.

Die Nachkommen müssen mindestens denselben Status erreichen.

Der soziale Druck auf die Eltern

Stellen Sie sich bitte den Klatsch in einer Kleinstadt vor, in der ein Arztsohn »nur« die Hauptschule besucht und eine Kfz-Lehre beginnt, um den sozialen Druck zu verstehen, der heute auf einer Familie lastet.

Ohne Abitur und Studium schlechtere Chancen

Ohne Abitur und Studium werden in Deutschland, so beweist die Eliteforschung, kaum noch Führungspositionen mehr vergeben. Die Qualifikationszwänge setzen sich nach unten fort: Bewerber mit Abitur haben bessere Chancen, eine Stelle als Banklehrlinge zu finden als Bewerber mit mittlerer Reife.

Das Gymnasium ist in diesem Spiel nun einmal die zentrale Agentur, die den Berechtigungsschein für berufliche Chancen vergibt. Deshalb werden Erfolg und Versagen an dieser Anstalt von den Eltern so ängstlich verfolgt. Diese Ängste werden auf die Kinder übertragen, vor allem dann, wenn die Eltern das Gymnasium selbst nicht kennengelernt haben.

Statusängste der Eltern belasten die Kinder

Frau Werner aus unserem Beispiel, die als Steuerberaterin arbeitet, brauchte für ihre Ausbildung nur die mittlere Reife. Sie weiß aber ganz genau, daß ihre Kinder für eine vergleichbare gesellschaftliche Position heute ohne Abitur kaum noch eine Chance hätten. Statusängste bei Frau Werner sind also durchaus berechtigt und verständlich. Sie muß aber achtgeben, daß sie diese Ängste nicht auf ihre Kinder überträgt. Ständiger Leistungsdruck und die Angst, die hohen Erwartungen der Eltern zu enttäuschen, belasten Jugendliche und nehmen ihnen die Freude und die Neugier, zu lernen.

Für Jugendliche zählen andere Dinge

Jugendliche im Alter von Hendrik haben noch eine ganz andere Perspektive im Leben. Für sie zählt keine Berufsperspekive, sondern eher die Beziehungen zu den LehrerInnen, ob sie mit den Klassenkameraden zurechtkommen und daß die Noten im Vergleich mit einigen anderen SchülerInnen »stimmen«. Dann haben sie Freude am Lernen.

Machen Sie deshalb nicht mehr Druck als notwendig, schon gar nicht im Stil von: »Mit den Noten kannst Du das Studium gleich vergessen!« Heben Sie sich solche Erkenntnisse für die Oberstufe auf. Die Psychologen sprechen von Projektion, wenn die eigenen unerfüllten Wünsche auf das Kind übertragen werden. Solche Projektionen sind für die schulische Entwicklung eine schwere Hypothek.

Das muß sich ändern!

Bedauerlich und unbedingt zu ändern ist indes die Tatsache, daß das Gymnasium heute zum Flaschenhals geworden ist, durch den sich alle zwängen müssen, die eine angesehene Position einnehmen wollen oder sollen. Solange das nicht geändert ist, geht es dennoch ums »Überleben am Gymnasium« – und dafür gibt es durchaus Chancen.

Elternsolidarität – ein Fremdwort?

Was haben die Eltern einer Schulklasse eigentlich gemeinsam? Sie alle haben ein Kind in ungefähr gleichem Alter, das Abitur machen soll. Einen weiteren gemeinsamen Nenner zu finden, fällt schwer. Vorbei sind die Zeiten, als Elternabende am Gymnasium eine Versammlung von Beamten- und Ärztegattinnen waren. Heute spiegelt die Elternschaft einer Klasse zum Glück das gesamte gesellschaftliche Spektrum wieder, wenn auch am Gymnasium Beamtenkinder immer noch deutlich überrepräsentiert sind.

Der kleinste gemeinsame Nenner

Auch die Erziehungsvorstellungen der Eltern klaffen weit auseinander. Von »viel zu lasch« über »genau richtig« bis zu »überzogen autoritärer Stil« wird ein und dieselbe Lehrkraft von verschiedenen Müttern und Vätern eingeschätzt.

Die Erziehungsvorstellungen klaffen weit auseinander

Leider herrscht auch keine ungetrübte Harmonie in der Elternschaft. Werner Schneyders bekannte Kabarettnummer über den Vater eines Gymnasiasten treibt den Ehrgeiz einer bestimmten Sorte Eltern auf die Spitze: Ein Manager beschwert sich beim Klassenlehrer seines Sohnes, daß es zu viele Einser-Zeugnisse in der Klasse gäbe. Sein eigener Sohn müßte sich die Durchschnittsnote 1,0 mit zwei anderen Schülern teilen, wodurch er sich benachteiligt fühle. Die Einzigartigkeit seiner Leistung gegenüber den Konkurrenten käme im Wettlauf um Studienplätze nicht zur Geltung.

Eltern konkurrieren um die Leistungen der Kinder

Auch wenn diese Lachnummer überspitzt scheint, beobachten die LehrerInnen immer häufiger, daß die Eltern untereinander um die Leistungen ihrer Kinder konkurrieren. Der Sohn oder die Tochter als Aushängeschild erfolgreicher Eltern. In Kleinstädten und im ländlichen Bereich, wo jeder jeden kennt, ist dieses Phänomen besonders ausgeprägt.

Wie ein Elternabend am Konkurrenzverhalten einzelner scheitern kann, zeigt das folgende Beispiel:

Elternsprecher Goldmann hat den Elternabend anberaumt, denn es gibt Ärger in der 7B. Die Klasse hat seit einem dreiviertel Jahr eine neue Mathematiklehrerin, Frau Brett. Sie ist mit Haut und Haar der Typ der jungen frustrierten Hardlinerin, auch Rächerin genannt. Leser des »Gymnasiastenretters« hätten keine Mühe, diese Lehrkraft in das Lehrertypenschema einzuordnen. Für die 7B war es ein schockierendes Wechselbad, denn in Klasse 5 und 6 hatte Herr Knoppig unterrichtet, der kurz vor der Pensionierung stand und sich nicht mehr allzu sehr ins Zeug legen mochte. Ständige Rückenbeschwerden hatten für viele Wochen Unterrichtsausfall gesorgt, den die Orientierungsstufenklasse zwar genoß, der ihnen aber massive Lücken in den elementaren Mathematikkenntnissen hinterließ.
Anders Frau Brett: Als Referendarin hatte sie ihr Handwerk am renommierten Heinrich-Hertz-Gymnasium in M. gelernt, an dem sich die Leistungsspitze angehender Nachwuchsmathematiker als SchülerInnen einfand. Mit diesem Maßstab im Kopf trat Frau Brett der 7B an ihrer neuen Schule, dem eher »weichen« Heinrich-Böll-Gymnasium, entgegen. Nicht nur ihre hohen Leistungsanforderungen stießen dort auf Widerstand. Zwar mußten die SchülerInnen zugeben, daß der Unterricht gut war, sie konnten aber Frau Bretts Art einfach nicht leiden. Sie war zynisch, eine Eigenschaft, die Kinder in der Regel nicht mögen, weil sie die komplexe Persönlichkeit eines Zynikers nicht einordnen und verstehen können.
»Du hast doch tatsächlich 5+2 richtig addiert, Stefan. Eine tolle Leistung. In dieser Klasse bist und bleibst Du der einäugige König unter den Blinden.« Frau Brett fand diese Äußerung lustig, die Zwölfjährigen blickten sie nur verständnislos an.
Von bisher fünf Klassenarbeiten mußten schon zwei wiederholt werden, weil mehr als ein Drittel der Arbeiten unter ausreichend lagen. Jetzt, kurz vor Schuljahresende, sahen mindestens neun der insgesamt 33 SchülerInnen einer Fünf oder gar einer Sechs in Mathematik auf dem Zeugnis entgegen. Das Fach war für sie zum Angstfach geworden. Auf der anderen Seite standen drei Klassengenies, die Einser nach Hause brachten, sowie ein Mittelfeld von 15 soliden Dreiern und Vierern. Schließlich gab es noch fünf Wackelkandidaten, die um die erlösende Vier minus zitterten.
Anlaß für Elternproteste gab es mit anderen Worten genug, und Frau Brett hatte als Berufsanfängerin allen Grund zur Angst vor diesem Elternabend. Schließlich war auch noch der Schulleiter anwesend.

Elternsprecher Goldmanns Sohn war einer der fünf Wackelkandidaten, und Goldmann griff Frau Brett gleich ungeniert an. Er warf ihr überzogene Leistungsanforderungen und zu harte Benotung vor. Frau Herzmann, Mutter des bedauernswerten Sechser-Schülers Mike, stimmte mit ein. Aber Frau Brett konterte geschickt:
»Ich habe mir die Noten von Mike im letzten Schuljahr angesehen. Er stand schon bei meinem Vorgänger schriftlich vier minus«. Damit war Frau Herzmann vorerst mundtot.
Von den übrigen Fünfer-Kandidaten waren zwar vier »Elternteile« anwesend, sie gehörten aber nicht zu den Wortführern, sondern wollten angesichts des Versagens ihrer Kinder keine große Töne spucken. Herr Goldmann bekam so nur wenig Unterstützung gegen Frau Bretts knallharte Linie.

Elternstar war unumstritten Rechtsanwaltsgattin und selbst ehemalige Lehrerin Frau Zöpel. Sie imponierte durch ihre geschliffenen Formulie-

rungen und den wohlklingenden Vokabelschatz. Sie sprach von »didaktischer Grundkonzeption« und von »trennscharfer Notenobjektivierung«, was keiner verstand, aber zu beeindrucken wußte. Frau Zöpel vertrat eine moderate Linie: Mit dem hohen Leistungsniveau war sie durchaus einverstanden – denn, so argumentierte sie: »Wir sind schließlich am Gymnasium und sollten froh sein, wenn den Kindern wirkliche Leistung abverlangt wird.« Ein bißchen mehr Rücksicht auf bestehende Lücken der SchülerInnen bat sie sich aus. Hätte Frau Zöpel geahnt, daß ihre Tochter Laura ihr die letzte Mathematikarbeit mit der Note Fünf verschwiegen hatte, wären ihre Beiträge an diesem Elternabend mit Sicherheit anders ausgefallen.
Nun kam Herrn Hartmanns Stunde. Als Unteroffizier bei der Bundeswehr sagte er in schneidigem Ton: »Ich verstehe die ganze Aufregung hier nicht. Wolff beklagt sich überhaupt nicht über Mathematik. Im Gegenteil, er freut sich, wenn er einmal richtig gefordert wird.« Wolff war das Mathe-As der 7B und sein Vater genoß es in vollen Zügen. Daß Wolff allerdings erst nach der Klasse 6 aus Bayern zugezogen war, fiel nur Frau Herzmann ein, aber sie dachte an Mike und sein Versagen auf der ganzen Linie und traute sich nicht mehr, das Wort zu ergreifen.

Der Elternabend endete ergebnislos. Herrn Goldmanns berechtigte Initiative war im Sande verlaufen. Frau Brett hingegen hatte einen Freifahrtschein für weitere Eliteanforderungen erhalten und genoß ihren Triumph. »Sehr kooperative Eltern«, dachte der Schulleiter später. Dabei waren Frau Bretts Leistungsanforderungen im Vergleich zu den anderen Klassen und vor dem Hintergrund der großen Wissenslücken der 7B absolut zu hoch. Am Ende des Schuljahres mußten vier Schüler die Klasse wiederholen, davon drei mit der vernichtenden Mathematiknote Sechs. Zwei davon verließen das Gymnasium für immer.
Die mangelnde Elternsolidarität hatte dazu geführt, daß die SchülerInnen der Klasse weiterhin unzumutbarem Druck ausgesetzt waren. Elternsolidarität ein Fremdwort?

Kennzeichnend für solche mißlungenen Elternabende ist, daß sich einzelne auf Kosten der Kinder profilieren. Zutreffend ist auch, daß die meisten Eltern nur ihr eigenes Kind wahrnehmen und sich nicht zum Anwalt der ganzen Klassengemeinschaft machen lassen. Kluge Elternvertreter müssen diesen Tatsachen Rechnung tragen, wenn sie geschickt herstellen wollen, was nicht selbstverständlich ist: Zusammenhalt der Eltern.

Eltern dürfen nicht nur ihr eigenes Kind wahrnehmen!

Wenn Eltern nur ahnen, wieviel Angst die allermeisten LehrerInnen und SchulleiterInnen insgeheim vor ihnen haben und wieviel Druck sie ausüben könnten, wenn sie nur gemeinsame Sache machen würden! Aber Taktiker unter den Paukern machen sich die Konkurrenz der Eltern untereinander gerne zunutze und versuchen, wie Frau Brett in unserem Beispiel, die Eltern auseinanderzudividieren, wenn es brenzlig wird.

Als Einzelkämpfer werden Sie auseinanderdividiert

Eltern können engagierten LehrerInnen den Rücken stärken

Daß Elternsolidarität nicht zwangsläufig gegen LehrerInnen gerichtet sein darf, zeigen die vielen erfreulichen Beispiele, wo Eltern besonders engagierte Lehrkräfte unterstützt haben. Eltern haben gemeinsam interessante Projekte gegen den Widerstand der trägen Verwaltung durchgedrückt und den beliebten LehrerInnen den Rücken gestärkt. Jeder braucht ein Lob, im Pädagogendeutsch »positive Verstärkung« genannt, um sich für die Arbeit zu motivieren. Für die LehrerInnen als Einzelkämpfer gilt dies ganz besonders. Sie bekommen meist nur Rückmeldungen über ihre Arbeit, wenn etwas schiefläuft. Ein Blumenstrauß des Elternsprechers nach gelungener Klassenfahrt als Dankeschön oder ähnliche Anerkennung ist Balsam für die angeschlagene Lehrerseele. »Fahre ich jetzt noch in die Medienzentrale und besorge die Freiarbeitsmaterialien für die Unterrichtseinheit über ›Indianer in Nordamerika‹ oder ziehe ich den üblichen Frontalunterricht durch?« Solche Fragen werden LehrerInnen immer öfter mit ›ja‹ beantworten, wenn sie eine engagierte Elternschaft im Rücken spüren.

So schafft man ein Gemeinschaftsgefühl

Damit Eltern lernen, die Klasse als Ganzes zu sehen, ist es wichtig, daß sie sich nicht erst dann treffen, wenn Probleme anstehen oder Wahlen zur Elternvertretung durchgeführt werden müssen. Gemeinsame Wanderungen mit den Kindern der Klasse oder ähnliche Unternehmungen sind zwar ein lästiges Pflichtprogramm, schaffen aber das gewünschte Gemeinschaftsgefühl.

Die Schere im Kopf der Pauker

Wenn Eltern berechtigte Sorge tragen, daß an der Schule ihrer Kinder Mißstände herrschen, dann müssen sie gemeinsam handeln, um etwas zu erreichen. Allein die Gewißheit in den Köpfen der Pauker und der Schulleitungen, daß sie im Zweifelsfall einer geschlossenen, notfalls »militanten« Elternschaft gegenüberstehen, sorgt dafür, daß nicht allzu viele Mißstände einreißen können.

Eine Klasse, deren Eltern als geschlossen und kämpferisch bekannt sind, wird mit Sicherheit nicht die allerübelsten Lehrkräfte der Schule bekommen und ganz allgemein eher mit Samthandschuhen angefaßt werden, denn wie alle Verwaltungsbeamte scheuen Schulleitungen und LehrerInnen Ärger.

2. Hauptfach Durchblick – das Gymnasium der 90er Jahre

Gymnasium als heimliche Volksschule: Die Konsequenzen

Wenn Sie das Gymnasium als Eltern eines frischgebackenen Fünftkläßlers bei der Aufnahmefeier betreten, ist es wahrscheinlich mehr als 20 Jahre her, daß Sie selbst als Abiturient dieser Anstalt Lebewohl sagten. Inzwischen ist vieles anders geworden!
Eltern, die diese Schulart nur vom Hörensagen oder durch die einschlägigen Paukerfilme kennen, wissen noch weniger über die Wirklichkeit am Gymnasium in den 90er Jahren.

»Es gewann den Wettlauf um die Schüler und verlor dabei an Exklusivität.« (Habel 1992)
Dieser Satz trifft haargenau die wichtigste Entwicklung des Gymnasiums: Im Schuljahr 91/92 besuchten 36,9% aller Fünftkläßler in Deutschland diese Schulart.
Allen Versuchen der Bildungspolitiker zum Trotz, z. B. durch Gesamtschulangebote mehr Förderung und Chancengleichheit durchzusetzen, gibt es eine Abstimmung mit den Füßen zugunsten des Gymnasiums.

Sieg im Wettlauf um die SchülerInnen

In einer Umfrage unter Eltern, deren Kind zur Zeit an einer Grundschule war, beantworteten 54% die Frage, welchen Schulabschluß sie für ihr Kind wünschen, mit »Abitur/Hochschulabschluß«. Dieser Run aufs Gymnasium erscheint paradox angesichts der sinkenden Attraktivität eines Hochschulabschlusses.

Gymnasiale Bildung als Bildung für alle Fälle

Eliteschule contra Einheitsschule

Das Ansehen der akademischen Berufe hat stark gelitten, und tatsächlich wählen immer mehr frischgebackene Abiturienten andere Möglichkeiten als ein Hochschulstudium, um sich für ihren zukünftigen Beruf zu qualifizieren.

»Warum quälen sich so viele Jugendliche auf dem langwierigen Weg zum Abitur, wenn sie den Berechtigungsschein für ein Hochschulstudium gar nicht in Anspruch nehmen wollen?« ist die logische Frage. Tatsächlich ist die gymnasiale Bildung eine Art »Bildung für alle Fälle« (Kazemzadeh 1987) geworden. Je höher der formale Bildungsabschluß, um so größer die Beschäftigungssicherheit, so lautet die Formel. Und genau an diesem Widerspruch krankt das Gymnasium heute: Geschaffen mit den Zielen Auslese und Studierfähigkeit, dient diese Schulart heute fast als Einheitsschule, überspitzt als »Volksschule der Nation« bezeichnet. Das Abitur wird zur Normalausstattung der Heranwachsenden.

Wenn nur ein Teil der SchülerInnen das Gymnasium besucht, um zu studieren, der andere Teil nur die Nutzungsabsicht »Nase vorn im Wettlauf um bessere berufliche Chancen« hat, dann wird der traditionelle Auftrag der Bildungsanstalt Gymnasium immer mehr zum Spagat zwischen den widersprüchlichen Erwartungen.

Die Konsequenzen

Und das Gymnasium hat sich angepaßt! Nicht nur, indem die Schülerzahlen in Relation zu den anderen Schularten gestiegen sind (Durchschnittsgröße der Gymnasien: 700 SchülerInnen), auch die Selektion, das heißt die Auslese ist geringer geworden. Während 1950 etwa ein Viertel der Pennäler im Verlauf der Klasse 5–10 »ausgesiebt« wurde, sind es heute im Schnitt nur 10% der SchülerInnen. Ein weiterer Effekt ist, daß die anderen Schularten, allen voran die Hauptschule, ausbluten, denn das Gymnasium hat den sogenannten »creaming effect«, das heißt, es sahnt die guten Schüler ab und hinterläßt »Restschulen«. Schafft ein Schüler das Gymnasium nicht, ist der Schritt zurück auf die Hauptschule riesengroß.

Der »creaming effect«

Niveauverlust?

Viele, vor allem die konservativen Bildungspolitiker, ziehen aus dieser Entwicklung den Schluß, daß das Gymnasium zwangsläufig einen »Niveauverlust« hinnehmen mußte und die Förderung der deutschen Leistungselite zu kurz kommt.

Der Schulprofi ist anderer Meinung: Während es in den 50er und 60er Jahren vor allem eine Frage der Schichtenzugehörigkeit war,

ob ein Kind aufs Gymnasium geschickt wurde, ist die Zusammensetzung einer Klasse heute sozial viel breiter gefächert.
Viele Leser werden sich erinnern, daß aus den Grundschulklassen ihrer Jugend keineswegs *alle* geeigneten MitschülerInnen aufs Gymnasium wechselten. Viele Eltern begabter Kinder sahen gar keinen Sinn in einer gymnasialen Laufbahn, vor allem bei den Töchtern nicht. Gottlob ist dies heute anders, das »Bildungspotential« (Lieblingsvokabel der Bildungsreformer in den 60er Jahren) größerer Teile der Bevölkerung wird stärker ausgeschöpft.

Verwissenschaftlichung des Stoffes

Aus der Tatsache, daß heute ein größerer Prozentsatz eines Jahrgangs auf dem Gymnasium anzutreffen ist, darf also nicht zwangsläufig gefolgert werden, daß auch mehr »Dumme« da sind. »Niveauverlust« ist ohnehin irreführend, denn die Stoffülle am Gymnasium ist heute erschlagend. Dazu kommt die Verwissenschaftlichung der Inhalte, vor allem in der Oberstufe. Schauen Sie sich einmal die Leistungskursarbeit eines Abiturienten der 90er Jahre in Physik oder Englisch an. Sie werden Ihren eigenen Kenntnisstand als 19jährige Abiturienten in diesen Fächern beschämt verbergen!

Frust am Gymnasium: überforderte SchülerInnen

Dennoch liegt ein Grund für den großen Frust am Gymnasium in der Tatsache begründet, daß ein Teil der Kinder hoffnungslos überfordert ist und nur unter übermenschlichen Anstrengungen aller Beteiligten überhaupt den anspruchsvollen Stoff kapiert. Das Problem liegt auch in den falschen, oder besser gesagt veränderten Erwartungen, die Eltern heute an das Gymnasium herantragen, wie die folgende authentische Begebenheit zeigt:

Ein Vater meldet seinen Sohn nach der Grundschule am Gymnasium an. Zwar riet die Grundschullehrerin zum Besuch der Hauptschule, aber das irritiert den hoffnungsvollen Vater nicht, zumal der Elternwille in den meisten Bundesländern, was die Wahl der Schulart anbelangt, frei ist.
Der Schulleiter des Gymnasiums ist erfreut über den Neuzugang, denn im Kampf gegen die anderen Gymnasien der Stadt um Schülerzahlen ist jede Verstärkung willkommen. Er wirft einen Blick auf das Grundschulzeugnis und guckt verdutzt. »Aber hier stehen fast nur Vierer! Sind Sie sicher, daß das Gymnasium die richtige Schulart für Ihren Sohn ist?« fragt er zweifelnd.
»Das ist jetzt Ihr Problem!« kontert der Vater cool.

Falsche Erwartungen

Ähnliche Erwartungen hegen viele Eltern. Das Gymnasium soll fördern, dabei steht es in der Tradition der Auslese und muß ein hohes Bildungsniveau gewährleisten. Diesen Widerspruch zu überwinden, ist fast unmöglich und bedeutet eine Quelle schier unerschöpflichen Frustes für die LehrerInnen, aber auch für die überforderten Kinder.

Ungelöste Fragen

Die hochselektive höhere Schule von einst ist gezwungen, von ihren ursprünglichen Zielen abzurücken. Soll das Gymnasium stärker als bisher fördern, mehr auf das künftige Leben und Berufsleben vorbereiten als bisher, um seiner neuen Kundschaft gerecht zu werden? So zerbröckelt ein altes Konzept, ohne daß ein neues überzeugendes Konzept gewonnen wurde.

Außenstehende können sich bisweilen nicht vorstellen, wie quälend es für die LehrerInnen und für die tatsächlich begabten und leistungsfähigen SchülerInnen ist, wenn zum Beispiel in Sozialkunde der Stufe 12 diskutiert wird, ob kollektivistische oder individualistische Gesellschaftskonzepte der menschlichen Natur eher entsprechen, und SchülerInnen anwesend sind, die solche abstrakten und theoretischen Fragestellungen weder verstehen können noch überhaupt interessant finden. Sollen Wissenschaftspropädeutik (das heißt Grundlagen für die verschiedenen Studienfächer) und das Ziel »Studierfähigkeit« zurückgenommen werden, weil immer weniger SchülerInnen im Blick auf diese Qualifikation das Gymnasium besuchen?

Wo bleibt dann die Vorbereitung auf die Universität für den Teil der SchülerInnen, die eine akademische Ausbildung im Auge haben? Ungelöste Probleme zuhauf.

Selektion contra Förderung

Am Ende der Klasse 6 kristallisiert sich die Problematik am deutlichsten heraus. Die KlassenlehrerInnen erleben den Widerspruch zwischen Auslese und Förderung in dieser Phase am stärksten, und die betroffenen Kinder werden zu Leidtragenden des überholungsbedürftigen Schulsystems. Am Ende der sechsten Klasse geben die LehrerInnen eine Laufbahnempfehlung ab. In der Praxis sind es durchschnittlich drei Kinder einer Klasse, die bescheinigt bekommen, daß sie am Gymnasium versagt haben.

Zwar ist die Empfehlung für die Eltern nicht bindend, aber ein Weitermachen am Gymnasium ist dennoch sinnlos. Jetzt heißt es »zurück auf die Haupt- oder Realschule«. Gerade im ländlichen Bereich ist dieser Schritt so stark mit einer Herabsetzung des Ansehens von Eltern und Kind verbunden, daß Rückgang einer Katastrophe gleichkommt. Die »Versager« werden dieses Selbstbild ihr Leben lang nicht los.

Das Schlimmste ist, daß es gerade in den Bundesländern mit dünnem Gesamtschulangebot zu dieser Herabstufung keine wirklichen Alternativen gibt. Also belassen viele Eltern ihre Kinder gegen die Lehrerempfehlung am Gymnasium, wo sich die Überforderten dann quälen und irgendwann doch scheitern, zuvor aber den Unterricht verzögern, weil sie nicht mehr mitkommen. Viele LehrerInnen hassen ihren Job in dieser Phase, denn sie können nicht wirklich helfen.

Keine Alternative zum Gymnasium

Stärker als alles andere wird also das Gymnasium durch den Widerspruch zwischen Auslese und hohem Anspruchsniveau auf der einen Seite und dem Bedürfnis der Eltern und SchülerInnen nach mehr Förderung auf der anderen Seite geprägt.

Hinzu kommt, daß die Probleme der Familie auch vor dem Gymnasium nicht haltmachen. 40% aller Kinder und Jugendlichen bis zum 18. Lebensjahr sind von der Trennung ihrer Eltern betroffen; schon an dieser Tatsache wird deutlich, wie sehr die LehrerInnen auch auf zum Beispiel die Bindungsbedürfnisse der Kinder eingehen und mehr als nur Wissensvermittler sein müssen. Gleichzeitig gilt es aber, den Stoff durchzupauken!

Veränderte Bedürfnisse der SchülerInnen

In diesem Sinne haben sich auch die Pauker gewandelt. Alte schrullige Professoren, die vom Elfenbeinturm der Wissenschaft herab unterrichten, sind längst ausgestorben. An ihre Stelle ist seit 1970 eine neue Gymnasiallehrergeneration getreten, die heute im Schnitt Mitte bis Ende Vierzig ist und leider sehr wenig Verstärkung durch jüngere Kräfte erfahren hat.

Die »neuen« Pauker

Nicht wenige fühlen sich bereits ausgebrannt. Sie haben sich im Balanceakt zwischen Auslese und Fördern verschlissen. Wer seinen Job als GymnasiallehrerIn wirklich ernst nimmt, kann, wenn er oder sie will, rund um die Uhr arbeiten. Die Arbeit ist beliebig ausdehnbar, denn man kann sich immer *noch* besser vorbereiten, *noch* mehr Fortbildung betreiben oder sich *noch* intensiver um die Problemfälle in seiner Klasse kümmern. Eine klare Trennung von Arbeit und Freizeit gibt es nicht, weil ja ein großer Teil der Lehrerar-

Mit vierzig schon ausgebrannt?

beit im häuslichen Arbeitszimmmer stattfindet und auch am Sonntagmorgen zum Beispiel das Elternsorgentelefon klingelt.

Kein Anreiz für Engagement

Für besonders gute Schaffer unter den LehrerInnen gibt es aber, im Gegensatz zu anderen Berufen, kein Gratifikationssystem. Die »Flaschen« haben am Ende des Monats denselben Kontostand auf dem Gehaltskonto wie die Könner.

Der Anreiz »Beförderung« zieht wenig, denn die Schulleiterposten sind zu rar und die Verwaltungstätigkeit nach der Beförderung ist wenig attraktiv. Früher gab es wenigstens einen Topf von Entlastungsstunden für besonders engagierte LehrerInnen, der wurde jedoch vom Rotstift der Sparpolitiker zusammengestrichen.

So wirkt die Sparpolitik

Statt dessen wurde die Arbeitszeit erhöht, stieg die Anzahl der SchülerInnen in einer Klasse und wurde die öde Verwaltungsarbeit (Listenführung, Berichte schreiben etc.) vermehrt. Ein nettes Dankeschön der SchülerInnen nach dem Abitur, der Blumenstrauß zum Geburtstag, können nicht ausgleichen, wonach auch die LehrerInnen lechzen: Anerkennung und Gratifikationen.

Wen wundert es da noch, wenn immer mehr Pauker innerlich kündigen und in der Schule vorwiegend jobben?

Bei Klassentreffen mit den ehemaligen MitschülerInnen stellen die GymnasiallehrerInnen bestürzt fest, daß sie unter den anderen Akademikern die Schlußlichter in der Bezahlung darstellen. Beamte zu sein und Jobsicherheit zu genießen trifft in belasteten Situationen in den Hintergrund.

Frustrierende Perspektiven

Besonders belastend ist, daß es keine anderen Berufsperspektiven gibt, wenn man nach einigen Jahren feststellen muß, daß man mit den Kindern nicht zurechtkommt. Hat ein Lehrer nicht die Nerven oder das »Händchen« für die Kinder, kann es der schlimmste Job der Welt sein. Ein Blick in die Anzeigenseiten der gängigen Lehrerzeitungen macht die Misere deutlich: Da wird für Psychotherapie geworben, Meditation, »Rebirthing« usw. Lehrer stellen einen großen Teil der Dauergäste in psychiatrischen Kliniken und sonstigen Einrichtungen für seelisch Kranke. Nur 10% der Lehrer sind bis zur Altersgrenze von 65 Jahren tätig, 40% werden vorher für dienstunfähig erklärt und 6% versterben vor dem Pensionsalter, davon nicht wenige durch Selbstmord, denn hier sind die LehrerInnen Spitzenreiter.

Natürlich gibt es auch positive Seiten. Kaum ein anderer Beruf erlaubt soviel Autonomie, und wenn die LehrerInnen die Klassentür hinter sich zumachen, haben sie einen »beachtlichen Gestaltungsraum und Unabhängigkeit« (Schmidt 1991). Wer Selbstdisziplin besitzt und sich die Arbeit gut einteilen kann, hat auch in der Freizeit mehr Spielraum als andere.

GymnasiallehrerInnen sind gegenüber den LehrerInnen anderer Schularten noch durch den »creaming effect« bevorteilt. Sie geben sich – wenn auch mit deprimierenden Ausnahmen – mit den Besten eines Jahrgangs ab. Gerade in der Oberstufe können auch die LehrerInnen von interessanten Auseinandersetzungen profitieren. Im Sinne der chinesischen Vorstellung von Energieübertragung können sie ein wenig von der Energie der Jugend abzapfen. Sehen viele deshalb so ewig jugendbewegt aus?

Der Lehrerjob am Gymnasium ist extrem vielseitig: Erste Stunde: Hamlet. Zweite Stunde: Englischer Anfangsunterricht. Dritte und vierte Stunde: Planspiel in Geographie. Fünfte Stunde: Klassengespräch zum Thema »Gewalt«. Nachmittags: Konferenz beim Ministerium. Abends: Grillfete mit Abiturkurs. So kann ein Tagesablauf aussehen.

Die Sonnenseite des Lehrerdaseins

Entscheidend für Eltern ist zu wissen, daß die LehrerInnen am Gymnasium heute nicht mehr über einen Kamm zu scheren sind. Die pluralistische Gesellschaft spiegelt sich auch im Lehrerzimmer wider, und die Unterschiede sind riesengroß. Nicht nur die verschiedenen Fächer prägen die Lehrertypen, auch die Einstellung zu den SchülerInnen, zum Beruf und zu den wichtigsten pädagogischen Fragen können weit auseinanderklaffen. Der Schulprofi beschreibt daher im Kapitel »Jetzt gehe ich zu Dr. Specht & Co« ausführlich, wie Sie die unterschiedlichen Lehrertypen richtig einschätzen und wie Sie geschickter mit ihnen umgehen können.

Unterschiedliche Lehrertypen

Eine Gemeinsamkeit gibt es aber doch: Die allerwenigsten Pauker haben jemals Erfahrungen im Berufsleben außerhalb von Schule und Universität gesammelt. Sie bewegen sich gerade am Gymnasium in einer merkwürdig irrealen Welt mit eigentümlichen Werten und Normen. Ihr Verhalten trägt immer noch Züge, die an Sitten und Gebräuche der Universität erinnern und eigentlich Heranwachsenden entsprechen. Ein Beispiel dafür ist der Verzicht auf deutliche Statussymbole, die in der Hackordnung der Betriebe eine

»Raumschiff« Gymnasium

LehrerInnen als ewige Jugendliche

wichtige Funktion haben. Auf dem Lehrerparkplatz werden Sie keinen neuen Mercedes und am Arm des Studienrates keine Rolex vorfinden, selbst wenn der Betreffende über das nötige Kleingeld verfügt. Auch die Modebranche beißt sich an den StudienrätInnen vergeblich die Zähne aus.

Die Wertvorstellungen

Materielle Werte werden anderen Zielen untergeordnet: Bildung, Kultur, Sport, Reisen. LehrerInnen engagieren sich überdurchschnittlich oft in politischen Parteien oder sonstigen Verbänden mit hehren Zielen.

Keine Ahnung von der freien Wirtschaft

Wenn Sie es mit GymnasiallehrerInnen zu tun haben, müssen Sie also einkalkulieren, daß diese mit Äußerlichkeiten kaum zu beeindrucken sind. Zum Glück sind sie auch völlig immun gegen jede Art von Bestechung mit materiellen Anreizen. Andererseits haben sie von den Zwängen und den harten Bandagen, mit denen in der freien Wirtschaft gearbeitet wird, keine Ahnung. Mittel wie Einschüchterung, Intrigen, protziges Auftreten, »Stechen« und »Durchstechen« lassen sie völlig unbeeindruckt!

Wie sie Probleme lösen

Empfänglicher sind sie, wenn Sie als Eltern partnerschaftlich und verständnisvoll auftreten und sich schon vom Wortschatz und Umgang her als ihresgleichen ausweisen. Überhaupt gilt es als selbstverständlich, daß Probleme und Konflikte im Gespräch gelöst werden, und das geschieht in einer eigentümlichen Insidersprache, die geprägt ist vom Jargon der Pädagogik und der Psychologie. Die jüngeren GymnasiallehrerInnen mußten sich mit diesen Fächern viel stärker beschäftigen als ihre traditionellen KollegInnen und verstehen sich daher auch eher als »Helfer«.

Wichtige Ansprechpartner: SchulleiterInnen

Für Sie als Eltern ist es auch entscheidend, daß Sie zum Beispiel in Konfliktsituationen die Rolle der SchulleiterInnen richtig einschätzen. Zerstreute Direktoren à la Theo Lingen genießen allenfalls als letzte Vertreter ihrer Gattung Artenschutz. Inzwischen haben Macher das Ruder übernommen und verschleißen sich auf einem der undankbarsten Posten im Schulsystem. Schulleiter sitzen

Zwischen allen Stühlen

zwischen allen Stühlen: Ihrem Lehrerpersonal gegenüber haben sie zwar Fürsorge-, aber auch Dienstaufsichtspflicht, ohne jedoch über wirksame Druckmittel wie Entlassung oder Rückstufung zu verfügen. Eltern und Schülern dienen sie als Klagemauer und »Ausputzer«.

Die Kultusministerien mit ihren oft weltfremden Erlassen und Reformen nehmen die SchulleiterInnen in die Pflicht und verlangen, daß sie an der pädagogischen Front alles durchsetzen, was »oben« ausgeheckt wurde. Zu guter Letzt klopft ihnen auch noch die Schulaufsicht auf die Finger und erschwert ihnen das Leben.
Kein Job zum Ausruhen also! Bedenken Sie als Eltern, wie wenig Bewegungsspielraum die SchulleiterInnen haben und erwarten Sie keine Wunder, wenn Sie mit Beschwerden oder Verbesserungsvorschlägen zu ihnen gehen.

Wenn es bei Konflikten hart hergeht und die SchulleiterInnen Stellung beziehen müssen, können Sie davon ausgehen, daß die SchulleiterInnen sich im Zweifelsfall vor ihr Personal, vor die LehrerInnen stellen werden, es sei denn, ein Kollege hat sich ganz grobe, unverzeihliche Schnitzer geleistet. Kinder und ihre Eltern kommen und gehen, die LehrerInnen bleiben, und die SchulleiterInnen müssen auch mit unliebsamen Mitarbeitern weiterleben. Verlieren sie den Rückhalt des Kollegiums, weil sie sich eindeutig auf die Schüler- oder Elternseite geschlagen haben, wird ihre Position an einer Schule unhaltbar.

Im Zweifelsfall: Für die Kollegen

Das veränderte Gesicht und die neuen Probleme des guten alten Gymnasiums sind unübersehbar. Im folgenden Kapitel zeigt der Schulprofi, was Eltern häufig mißverstehen, weil sie die neueren Entwicklungen nicht mitvollzogen haben. Den Schluß zu ziehen, das Gymnasium sei eine Anstalt mit Verfallsdatum, ist jedoch voreilig.

Fazit: Keine Anstalt mit Verfallsdatum

Eltern und Gymnasium: Die gängigsten Fehleinschätzungen

Der Schulprofi räumt auf mit falschen Vorstellungen über die Realität am Gymnasium. Nur wenn Sie den Durchblick haben, können Sie Ihre Kinder verstehen und ihnen wirklich helfen.

Gleich zu Beginn der hoffnungsvollen Schullaufbahn kann eine gängige Fehleinschätzung zum Verhängnis werden. Viele Eltern glauben, Gymnasien unterscheiden sich nur äußerlich voneinander. Daß dies nicht der Fall ist, zeigt eine Untersuchung aus dem

Fehleinschätzung: Gymnasium ist gleich Gymnasium

Schuljahr 1989/90 an Dortmunder Gymnasien, deren Ergebnisse mit gewissen Einschränkungen auf andere Regionen übertragbar sind. Die Abiturquote, das heißt die Relation der Anzahl der in der 5. Klasse eingetretenen SchülerInnen zur Anzahl der Abiturienten, schwankte von Schule zu Schule zwischen 42,1% und 83,6%. Zwar kann sich diese Quote verändern, wenn eine Schule zum Beispiel besonders viele Übergänger aus dem 10. Schuljahr der Haupt- oder Realschulen aufnimmt, die krasse Diskrepanz der Quoten zeigt aber dennoch, daß die Auslese an verschiedenen Schulen verschieden hart betrieben wird.

Wichtig für Eltern zu wissen ist also, daß jedes Gymnasium ein eigenes Profil aufweist. Informieren Sie sich gründlich bei Freunden und Bekannten, aber auch bei der Schulaufsicht, welche Besonderheiten die einzelnen Schulen in Ihrer Region oder Stadt aufweisen. Da gibt es Reste der traditionellen Eliteschulen mit knallharten Anforderungen, da gibt es die von Schließung bedrohten Gymnasien, die jeden Schüler aufnehmen und durchschleppen, um die Schülerzahlen zu halten. Entscheidend für die Oberstufe ist auch das Angebot von Leistungskursen. Manche Schulen bieten Sport oder Musik als Leistungskurs an und eröffnen so gute Chancen für gute Notendurchschnitte.

s. Gymnasiastenretter, S. 9: Wie finde ich das angenehmste Gymnasium?

Das Märchen vom Notenwürfel

Der Mythos vom »Notenwürfel« stirbt nicht aus! Immer noch glauben viele Eltern, daß sich die LehrerInnen am Ende des Schulhalbjahres hinsetzen und Noten würfeln, das heißt einfach beliebig Fünfen auf das Zeugnis setzen, von denen das betroffene Opfer keine Ahnung hatte. Es mag an einzelnen Systemen tatsächlich noch Lehrerfossile geben, die derart vorgehen. In Wirklichkeit hat aber die vielbeschriebene Verrechtlichung der Lebenszusammenhänge längst auch das Gymnasium erfaßt und alle Noten müssen juristisch »wasserdicht« sein. Ohne mindestens zwei Noten pro Halbjahr für mündliche Leistungen, die den SchülerInnen mitgeteilt werden müssen und mit Datum versehen sind, kann es keine Zeugnisnote geben! Die Endnote muß sich rechnerisch aus – den SchülerInnen bekanntgegebenen – Teilnoten ergeben. Ist Ihr Sohn zum Beispiel entsetzt über die unerwartete Sechs in Sozialkunde auf dem Zeugnis, gibt es nur zwei Möglichkeiten: Er hat Ihnen die Fünf und die Sechs für irgendwelche »Leistungen« während des Halbjahres verschwiegen, oder Sie können verlangen, daß

Statt dessen: juristische Absicherung nach allen Seiten

der betreffende Pauker sein Notenkonto mit Datum aller Teilnoten offenlegt. Hat die Lehrkraft geschlampt und wirklich nur »gewürfelt«, können Sie die Zeugnisnote anfechten. Die SchulleiterInnen müssen handeln und der »Schlamper« bekommt massiven Ärger.

Grundsatzurteile deutscher Verwaltungsgerichte haben dafür gesorgt, daß die LehrerInnen sich bei allen Entscheidungen, nicht nur bei der Notengebung, juristisch absichern. Leider hat dies nicht nur zur begrüßenswerten Objektivierung bei der Notengebung geführt, sondern auch zu Lähmungserscheinungen. Jede Klassenfahrt zum Beispiel ist juristisch betrachtet ein Himmelfahrtskommando für die verantwortlichen LehrerInnen. Sie werden im Zweifelsfalle haftbar gemacht, wenn sie ihre Aufsichtspflicht verletzt haben. Dieser Begriff ist so dehnbar, daß man die SchülerInnen am liebsten am Halsband spazierenführen möchte, statt ihnen großzügige, eigenverantwortliche Freiheiten zu gewähren. Kein Wunder also, daß viele der erfahrenen Pauker wenig Lust haben, das Schulgebäude überhaupt mit einer Klasse im Schlepptau zu verlassen, und Klassenfahrten ihnen ein Greuel sind.

»Es liegt am Lehrer« ist einer der meiststrapazierten Sprüche, wenn es am Gymnasium nicht klappt. Antipathie auf beiden, der Schüler- und der Lehrerseite mag es geben, aber drei Argumente entkräften die allzu einfache Formel. Erstens ist die Notenverteilung bei allen LehrerInnen relativ gleich. »Gelungene« Klassenarbeiten ergeben etwa 20% sehr gute und gute Leistungen, ein breites Mittelfeld von 65% Dreiern und Vierern und schließlich etwa 10–15% mangelhafte und ungenügende Leistungen. Diese Verteilung erzielen besonders beliebte sowie besonders verhaßte Pauker gleichermaßen. Zweitens hat jeder Gymnasiast mindestens 8 verschiedene Fachlehrer in jeder Klassenstufe, insgesamt begegnet er oder sie mindestens 25 verschiedenen Vertretern der Gattung Studienrat. Fast alle SchulleiterInnen wechseln die Lehrermannschaften einer Klasse alle zwei Jahre aus. Je größer die Anzahl der Pauker, um so größer die Annäherung an eine statistische Normalverteilung, das heißt jeder Pennäler erlebt das ganze Spektrum der unterschiedlichen Charaktere, deren Vor- und Nachteile sich insgesamt ausgleichen.

Die Unterrichtsmaterialien und Schulbücher haben sich drittens qualitativ entscheidend verbessert. Der Stoff ist in der Regel so gut

Es liegt immer am Lehrer

dargestellt, daß auch der mieseste Pauker nicht ganz verhindern kann, daß die SchülerInnen die Inhalte richtig aufnehmen. Ausnahmen sind unter Umständen Mathematik und Naturwissenschaften, wo es entscheidend auf die Erklärungen des Unterrichtenden ankommt.

Der Mythos von der Primanerherrlichkeit

Ein weiterer unauslöschlicher Mythos ist die Primanerherrlichkeit in der Oberstufe des Gymnasiums. Die Auslese sorgte früher tatsächlich dafür, daß die anfangs riesigen Klassen in der alten Oberstufe zu gemütlichen Häuflein von unter 20 Übriggebliebenen schrumpften. Enger Zusammenhalt, gemeinsame Freizeit und Streiche mag es gegeben haben, aber in den 90er Jahren hat sich das Bild radikal gewandelt. Das Kurssystem der Oberstufe sprengt spätestens in Klasse 12 und 13 die Klassengemeinschaft. Nur an kleinen Gymnasien ist danach ein Zusammenhalt der SchülerInnen zu beobachten. In der Regel gibt es nur noch Cliquen, die sich schon rein äußerlich drastisch voneinander abgrenzen. Schlimm ist es oft für Newcomer oder Außenseiter, die ohne Rückhalt einer Gruppe als Einzelkämpfer auftreten müssen. Vereinsamung, »Cocooning«, das heißt Rückzug auf den engsten Kreis weniger Gleichgesinnter, und auch rücksichtslose Konkurrenz prägen den grauen Alltag an den Oberstufen.

Ernst und Gewissenhaftigkeit als Bedingung für den Erfolg?

»Mit dem Gymnasium beginnt der Ernst des Lebens!« ist ein weiterer Baustein für den Mythos Gymnasium. Viele Eltern sind denn auch entsetzt, wie lässig ihr Sprößling mit dem Thema Schule umgeht. Wenn die Leistungen trotzdem stimmen, können Sie Ihren Sohn oder Ihre Tochter aber ganz im Gegenteil nur dazu beglückwünschen, wie resistent sie oder er gegen Leistungsdruck und Schulangst ist. Nur mit Abstand und Gelassenheit ist vieles am Gymnasium zu ertragen. Lebenstüchtige SchülerInnen erkennen

s. Gymnasiastenretter, Kapitel 3, 5 und 7: geheime Spielregeln bzgl. Hausaufgaben u. a.

denn auch sehr bald, daß die gestrengen Vorschriften in der Praxis nicht immer ernst zu nehmen sind und konzentrieren sich statt dessen auf die wirklich wichtigen Abläufe, die – außer im »Gymnasiastenretter« – nirgendwo geschrieben stehen.

Was sich dringend ändern muß

Daß Opas dreigliedriges Schulsystem nicht ohne neues Konzept die Probleme des ausgehenden 20. Jahrhundert bewältigen kann, liegt auf der Hand. Die überkommene Dreiteilung der Schularten in eine volkstümlich-elementare, eine technisch-praktische und in eine wissenschaftlich-theoretische ist unhaltbar geworden und entspricht auch nicht mehr den Anforderungen des Beschäftigungssystems. Daß der Elternwille ohnehin in eine andere Richtung weist, zeigen die Anmeldungszahlen an den Gymnasien.

Die alte Dreiteilung ist überholt

Sollen die Universitäten ein akzeptables Niveau gewährleisten, ist es aber lebenswichtig, daß das Gymnasium die neu zu definierende Qualifikation »Studierfähigkeit« tatsächlich auch erreicht und nicht ständig eine »Kundschaft« durchschleppen muß, die ganz andere Nutzungsabsichten mit dem Abitur verbindet.

Schluß mit dem Gymnasium als Flaschenhals für alle!

Die Lösung kann in der Schaffung eines parallel geschalteten Bildungsganges liegen, der einen gleichwertigen Schulabschluß, aber mit stärker berufs- und praxisbezogenem Schwerpunkt anbietet. Gleichwertig muß so verstanden werden, daß Ansehen und Jobsicherheit dem klassischen Abitur gleichkommen und auch die künftigen Arbeitgeber diesen Abschluß voll anerkennen. Das bestehende Fachabitur und vergleichbare Bildungswege auf der Schiene der beruflichen Bildung konnten diesen Anspruch nicht einlösen. Wer sich bei den Banken bewirbt oder in der Industrie als Trainee anfangen möchte, hat bisher noch immer mit dem klassischen Abitur die besten Chancen, obwohl das Gymnasium für solche Tätigkeiten überhaupt keine fachspezifischen Voraussetzungen schafft. Das alternative Bildungsangebot muß also flächendeckend überall angeboten werden und darf nicht als Abschluß zweiter Klasse gelten, sonst bleibt alles beim alten.

Neue parallele Alternativen schaffen!

Vorbilder finden sich zum Beispiel im Schulsystem der ehemaligen DDR. Läßt man das verhaßte Etikett »sozialistisches Bildungssystem« beiseite und schaut sich die Grundidee der dreijährigen »Berufsausbildung mit Abitur« und der polytechnischen Bildung unvoreingenommen an, finden sich nachahmenswerte Elemente.

Daß sich die Diskussion um die Zukunft des Bildungssystems

nicht auf die Frage »Gesamtschule oder Gymnasium« verengen darf, wissen aufgeklärte Eltern längst. Während die Interessenvertreter der GymnasiallehrerInnen, der Philologenverband und sein Gegner, die GEW (Gewerkschaft Erziehung und Wissenschaft), immer noch in ideologischen Schützengräben verharren, haben die Gesamtschulen sich längst als notwendiges Bildungsangebot neben dem Gymnasium etabliert. Mit ihrem besonderen Anspruch Fördern und soziales Lernen und ihren schülerfreundlichen Unterrichtsformen erreichen sie viele Kinder, die im Gymnasium mit seinem traditionellen Unterrichts- und Auslesekonzept verloren wären. Die Gesamtschulen haben die wohltuende Nebenwirkung, daß sie es »Spätzündern« ersparen, schon mit 11 oder 12 Jahren bescheinigt zu bekommen, daß sie Versager sind, wenn sie das gymnasiale Niveau nicht erreichen. Peinliche Rückstufungen an die Haupt- oder Realschule gibt es nicht.

Unumgänglich: Qualifikation und Auslese

Allerdings lösen die Gesamtschulen den Hauptwiderspruch des Systems auch nicht auf. Sie verschieben den Zeitpunkt der Auslese lediglich auf das Alter von ca. 16 Jahren. Die Oberstufe der Gesamtschulen hat ähnliche Probleme wie die gymnasiale Oberstufe, denn sie vermittelt den selben Abschluß. Noch stärker als an den Gymnasien steht sie im Kreuzfeuer der Kritik, denn das Ziel Studierfähigkeit und Hochschulqualifikation lösen offenbar die Gesamtschulen noch weniger überzeugend ein, wie die hohe Zahl der Studienabbrecher mit Gesamtschulabschluß zeigt.

Mutiert die gymnasiale Oberstufe zur heimlichen Volksschule, dann sind Entwicklungen zu befürchten, wie sie aus anderen Staaten mit stark vereinheitlichtem Schulsystem bekannt sind. In den USA zum Beispiel wird ein Spitzenniveau in der Bildung fast nur über teure Privatschulen erkauft. Ähnliche Verhältnisse gibt es auch in England, wo die Zukunft an einer Elite-Universität ohne kostspielige »public school« fast aussichtslos ist. Durch die Hintertür würde so die relativ ausgeprägte Chancengleichheit des deutschen Bildungssystems zunichte gemacht.

Das Ende des laschen Abiturs für alle

Als Fazit bleibt, daß das Bildungssystem einerseits breiter und bunter werden muß, andererseits eine Mindestqualifikation neu festgeschrieben werden muß, die wirklich Studierfähigkeit gewährleistet. Lasches Durchmogeln beim Abitur, um den »Schein« irgendwie zu ergattern, darf es nicht mehr geben. Soll ein Spitzenniveau der Ausbildung im internationalen Vergleich erzielt werden, geht es nicht ohne stärkere Differenzierung unter den Jugendlichen eines Jahrgangs.

Aber auch am Gymnasium selbst ist die Welt nicht mehr in Ordnung. Klassische GymnasiastInnen, die lernbegierig, aufmerksam, angepaßt und voll konzentriert dem Lehrer lauschen, sind vom Aussterben bedroht.
Trotzdem herrscht, einer Untersuchung von 1989/90 zufolge, die Unterrichtsform »Arbeit mit der ganzen Klasse« und »gelenktes/entwickelndes Unterrichtsgespräch« vor. Es wäre extrem heilsam, wenn Eltern und LehrerInnen sich einmal feuerzangenbowlengemäß in den Unterricht der Sekundarstufe I schmuggelten. Gerade diese Stufe (Klasse 7–10) blieb bei den großen Reformen der 70er Jahre außen vor und gilt bei SchülerInnen und LehrerInnen als »öde Durststrecke«.
Die Erwachsenen würden sich garantiert beim Kügelchenwerfen und Schwätzen erwischen, denn das endlose Zuhören und Aufpassen könnten sie kaum verkraften. Die Chance »dranzukommen« liegt im traditionellen Frontalunterricht (mit einer Klassenstärke von 30 SchülerInnen) bei ca. 1,5 mal pro Unterrichtsstunde! Andere Unterrichtsformen wie Projektunterricht, Gruppenarbeit und Freiarbeit etc. müssen daher am Gymnasium zur Regel werden.

Neue Unterrichtsformen auch am Gymnasium

Die überfrachteten Lehrpläne müssen abgespeckt werden, damit mehr Freiraum für pädagogische Arbeit mit den SchülerInnen gewonnen wird. Insgesamt gilt leider: Die GymnasiallehrerInnen sind in ihren Fächern eher über-, in Sozialpädagogik eher unterqualifiziert. Tatsächlich müssen sie aber verstärkt Erziehungsarbeit leisten!

Mehr Freiraum für pädagogische Arbeit!

Die Zahl der verschiedenen Fachlehrer in einer Klasse muß in den ersten Jahren soweit wie möglich verringert werden. Die SchülerInnen brauchen Bezugspersonen, die mehr als nur vier Stunden pro Woche in der Klasse unterrichten. Viele SchülerInnen verkraften das Wechselbad von Stunde zu Stunde nicht mehr.

Bezugspersonen anbieten!

Die Klassenstärke darf nicht mehr als 25 Kinder betragen. Wenn Sie sich an den letzten Kindergeburtstag erinnern, wo nur etwa 10

Die Klassenstärke senken

Freunde Ihres Sohnes oder Ihrer Tochter anwesend waren, können Sie einschätzen, was es heißt, den ganzen Tag mit über 30 Teenies zusammenzuarbeiten.

Öffnung der Schule

Das »Raumschiff« Gymnasium muß auf den Boden der Tatsachen zurückkehren und seine Insassen verstärkt mit dem wirklichen Leben vertraut machen. Öffnung der Schule, Lernen außerhalb des Schulgebäudes sind die Stichworte. Hier sind auch die Eltern aufgerufen, ihre Qualifikationen einzubringen und zum Beispiel bei Unterrichtsprojekten als Fachmann oder Fachfrau mitzuwirken.

Ihre Aufgabe als Eltern

Nutzen Sie alle Möglichkeiten der Elternmitbestimmung und unterstützen Sie alle Kräfte an der Schule Ihres Kindes, die die richtigen Veränderungen anpeilen.

Einsicht auch bei den Kultusministern

Daß die Zukunft des Abiturs überdacht werden muß, haben offenbar auch die Kultusminister der Länder erkannt und sich im Februar 1994 in Loccum zusammengesetzt und dort einschlägigen Bildungsexperten gelauscht. Wie zu erwarten kamen die Politiker anschließend zu keiner revolutionären Neukonzeption, sondern nur zu einer gemeinsamen Erklärung zur »Sicherung der Qualität der allgemeinen Hochschulreife als schulischer Abschlußqualifikation und Gewährleistung der Studierfähigkeit.« Darin halten die Politiker selbstverständlich am traditionellen Abitur als Dreh- und Angelpunkt der Bildung fest. Aber immerhin ist in der Erklärung die Rede von einer »Stärkung der sozialen Kompetenz und Kooperationsfähigkeit« und von Konzepten für die Verbesserung der beruflichen Orientierung, »damit die Übergänge zur Hochschule und in berufliche Ausbildungsgänge effizienter gestaltet werden«. Kein großer Wurf also, aber ein kleiner Schritt zur realitätsgerechteren Entwicklung des Gymnasiums.

3. »Wir wollen doch beide nur das Beste für Ihr Kind« Offene Worte über die Scheinharmonie von Eltern und LehrerInnen

Grundsätzlich verschiedene Interessen von LehrerInnen und Eltern

»Vertrauensvolle Zusammenarbeit« und »Kooperation von Schule und Elternhaus« empfehlen die einschlägigen Elternratgeber und Broschüren – vor allem die, die von den Schulbehörden selbst herausgegeben werden. Der Schulprofi kann sich dem Wunsch nach vertrauensvoller Zusammenarbeit nur anschließen. Das eigene Schultrauma muß überwunden werden, wenn Sie als Eltern mit den LehrerInnen gemeinsam über die Probleme der Kinder beratschlagen. Nur müssen die Erwartungen an die Ergebnisse der Eltern-Lehrer-Kooperation auf ein realistisches Maß heruntergeschraubt werden. Sie müssen in Rechnung stellen, daß die Interessen beider Seiten nur teilweise deckungsgleich sind, denn LehrerInnen wie Eltern spielen am Gymnasium jeweils bestimmte, gesellschaftlich geprägte Rollen. Es gibt viele Überschneidungen aber auch gegensätzliche, ja widersprüchliche Teilinteressen.

Die Erwartungen an die Zusammenarbeit von Eltern und LehrerInnen müssen auf ein realistisches Maß reduziert werden

Im folgenden Beispiel geht es um Benedikt. Sein Verhalten verursacht einen Konflikt. Die Interessen seiner Klassenlehrerin und der Standpunkt seiner Mutter werden jeweils aus der Sicht der Betroffenen geschildert. In Grundzügen soll deutlich werden: Jede Seite vertritt völlig legitime Interessen und will »wirklich nur das Beste«.

Jede Seite vertritt legitime Interessen

Die Ausgangslage:

Benedikt Groß, 15 Jahre alt und Einzelkind, kam vor 1 1/2 Jahren in die damalige Klasse 9 des Otto-Hahn-Gymnasiums in L. Seine Eltern, die zuvor in Köln ein Architekturbüro betrieben, hatten im eher ländlichen L. ein Haus gebaut und wollten ihre berufliche Tätigkeit ganz nach L. verlagern. Über das langwierige Bauvorhaben kam es zu Auseinandersetzungen und schließlich zur Scheidung. Frau Groß und Sohn Benedikt zogen alleine nach L.
Benedikt fiel seiner neuen Klassenlehrerin, Frau Schwenk, sofort als sehr begabt und kreativ, aber auch als verschlossen und kontaktscheu auf. Seit etwa einem Jahr gab es Ärger mit Benedikt. Er machte selten Hausaufgaben und fehlte immer öfter. Mit den Entschuldigungen nahm Benedikt es nicht so genau, und Frau Schwenk mußte ständig hinter diesen Formalien herlaufen. Benedikt legt meistens computererstellte Entschuldigungen vor, die lediglich die Unterschrift seiner Mutter trugen. Frau Schwenk wurde mißtrauisch und schließlich kam heraus, daß Benedikt die Entschuldigungen selbst formuliert und unterschrieben hatte. Es gab lange Gespräche mit Klassenlehrerin, Mutter und Benedikt selbst, aber die Unregelmäßigkeiten, besser gesagt das »Blaumachen«, hörten nicht auf. Nun stand die Abschlußfahrt der 10c nach Montpellier bevor. Frau Schwenk hatte Benedikt schon mehrfach angedroht, daß sie ihn nicht mitnähme, wenn er sich weiterhin als unzuverlässig zeigte. »Bei einer Auslandsfahrt muß ich in jeden einzelnen Schüler volles Vertrauen setzen können, denn ich allein trage die Verantwortung«, sagte sie Benedikt.
Die Entscheidung über seine Teilnahme stand kurz bevor, aber Benedikt hatte schon wieder zwei Tage gefehlt und war nun eine Woche mit der Entschuldigung im Rückstand. Obwohl es ihr leid tat, teilte Frau Schwenk dem »Blaumacher« mit, daß sie ihn endgültig von der Fahrt ausgeschlossen hatte. Benedikt weinte. Nachmittags erhielt Frau Schwenk einen wütenden Anruf von Frau Groß, Benedikts Mutter.

Der Konflikt aus der Sicht von Benedikts Mutter:

Benedikt ist doch ein außergewöhnlicher Junge: begabt, kreativ und ruhig. Ich kann mit ihm über alles reden, fast wie mit einem Erwachsenen. Hätte Frau Schwenk versucht, mit dem Jungen vernünftig zu sprechen! Ich bin überzeugt davon, daß Benedikt sich auf der Klassenfahrt korrekt verhalten hätte.
Meine Scheidung und der Schulwechsel haben Benedikt etwas aus der Bahn geworfen. Er verkraftet die Trennung von seinem Vater nicht so leicht, wie er vorzugeben versucht. Dafür muß eine Pädagogin doch Verständnis zeigen.
In der Schule ist er unterfordert und kann auch ohne Hausaufgaben, die ohnehin überflüssig sind, sehr gute Leistungen bringen. Die Fehltage kann er spielend nachholen, wie seine Noten klipp und klar beweisen. Natürlich war ich geschockt, als herauskam, daß er heimlich gefehlt hatte. Er kommt eben mit den neuen Klassenkameraden nicht zurecht. »Das sind doch alles Landprolls!« hat er zu mir gesagt. Wenn er fehlt, ist er wahrscheinlich nach Köln zu seiner alten Clique gefahren. Ich kann ihn irgendwie verstehen.
Frau Schwenk sollte wegen diesen Formalien nicht so kleinlich sein. Schließlich bringt Benedikt trotzdem gute Leistungen und stört auch den Unterricht nicht. Der Ausschluß von der Klassenfahrt war für ihn ein

furchtbarer Schock. Wie soll er sich denn nur in die Klasse integrieren, wenn er nicht dabei ist? Ich finde diese Maßnahme völlig unangemessen. Was sind denn das für Pädagogen am Otto-Hahn-Gymnasium?

Die Sichtweise der Klassenlehrerin:
Ich fahre nächsten Monat mit 30 Schülern nach Südfrankreich. Wenn irgend etwas schiefgeht, bin ich allein verantwortlich. Dann heißt es zum Beispiel »Wie konnten Sie die Schüler nur ohne Aufsicht in die Stadt gehen lassen!« Gebe ich ihnen keinen freien Ausgang, gelte ich als kleinlich und ängstlich. Freiheiten kann ich den Schülern daher nur gewähren, wenn ich jedem einzelnen volles Vertrauen entgegenbringe. Benedikts Verhalten wäre für mich einfach ein Unsicherheitsfaktor, den ich mir bei so einem riskanten Unternehmen einfach nicht aufhalsen darf. Er ist bald 16 und muß einsehen können, daß seine Lügereien Konsequenzen haben. Ich habe ihm ja eine Chance eingeräumt, die hat er vertan. In Gesprächen komme ich nicht an ihn heran. Natürlich weiß ich, daß seine Schludereien und sein Fehlen tiefere Ursachen haben, die sicher mit der Scheidung seiner Eltern und dem Schulwechsel zu tun haben. Aber seit Benedikt da ist, muß ich mich täglich mit den Beschwerden der Kollegen herumschlagen, die einen härteren Kurs verlangen. Ich habe ja nur vier Stunden Unterricht in der Klasse 10c. In dieser Zeit muß ich meinen Stoff durchziehen, alle Klassengeschäfte regeln und mich schließlich auch noch mit Benedikts fehlenden Entschuldigungen herumschlagen. Die Regel ist eindeutig: Zwei Schultage nach dem Fehlen muß die schriftliche Entschuldigung der Eltern im Klassenbuch liegen. Ich kann Benedikt nicht ständig hinterherlaufen. Es wäre verheerend, wenn die Mitschüler den Eindruck bekämen, daß Blaumachen so einfach durchgeht. Die Fehlerei darf nicht einreißen, gerade jetzt in Klasse 10 muß man besonders gut aufpassen und hart durchgreifen.
Benedikt tut mir leid. Seine Familiensituation ist sicher schwierig. Aber von meinen 30 Schülern kommt auch nur etwa die Hälfte aus sogenannten intakten Familien. Dazu habe ich noch Melanie und Gisela, zwei Magersuchtsfälle, in der Klasse. Für mindestens sieben weitere Schüler müßte ich Sozialarbeiterin oder Therapeutin spielen. Und Benedikt macht auch keine Anstalten, sich in die Klasse zu integrieren. Die anderen finden ihn arrogant.
Wegen Versetzungs- und Übergangsproblemen habe ich in dieser entscheidenden Jahrgangsstufe 10 ständig Elternberatungstermine. Ich unterrichte darüber hinaus noch in sieben anderen Klassen. Bei dieser Überlastung kann ich einfach keine Zeit mehr für weitere Gespräche mit Benedikt opfern. Mein guter Wille hat irgendwann seine Grenzen.

Der Konflikt um Benedikt zeigt deutlich, wie die unterschiedlichen Interessen gelagert sind. Für die Mutter, Frau Groß, ist ihr Sohn einzigartig. Sie kennt ihn genau und liebt ihn bedingungslos. Es ist nur natürlich, daß sie seine Stärken hervorhebt und Entschuldigungen für seine Schwächen und Fehler findet. Aufgabe der Eltern ist schließlich, ihre Kinder vor Leid zu bewahren und vor dem Zugriff einer übermächtigen Institution zu beschützen.

Für Eltern ist ihr Kind einzigartig

Automatisch schützen Eltern ihr Kind vor Angriffen

Das Kind repräsentiert immer auch die Eltern. Wird es angegriffen, nimmt man es daher ganz automatisch in Schutz. Wie Frau Groß haben die meisten Eltern starke Schuldgefühle, wenn es um Verhaltensprobleme ihrer Kinder geht. Sie gestehen ihnen vielfältige Entschuldigungsgründe zu, wenn sie Fehler machen.

Für LehrerInnen ist der einzelne nur ein Teil einer großen Gruppe

Anders die Rolle der LehrerInnen:
Die einzelnen SchülerInnen sind für sie immer auch Teil einer bis zu 33 Jugendlichen starken Gemeinschaft. Insgesamt unterrichten GymnasiallehrerInnen in der Regel ca. 100 verschiedene SchülerInnen pro Tag. Regelverletzungen und auffälliges Verhalten wird so zunächst als Störung des reibungslosen Ablaufes wahrgenommen.
Beurteilt werden Pauker vor allem danach, ob sie gerecht sind, und das schließt allzu viel Rücksicht und Bevorzugung einzelner aus. Auf die Einhaltung der Regeln zu pochen, ist für die LehrerInnen deshalb überlebenswichtig. Schließlich stehen sie auch unter dem Druck der KollegInnen, der Schulleitung und der anderen Eltern. In Benedikts Fall mußte die Klassenlehrerin hart durchgreifen, um sich Respekt zu verschaffen.
Pauker lernen die Söhne und Töchter der Eltern hauptsächlich nur aus der Leistungsperspektive kennen. Verborgene Stärken und Fähigkeiten nehmen sie höchstens bei außerschulischen Aktivitäten wie Wandertagen oder Exkursionen wahr. Frau Schwenk konnte eben nicht wie Benedikts Mutter mit ihm »über alles reden«. Sie erlebte Benedikt nur als verschlossen und abweisend.

Die Verwandlung Ihres Kindes in der Gruppe der Gleichaltrigen

Die SchülerInnen verwandeln sich, wenn sie mit Gleichaltrigen zusammen sind, oft so stark, daß die Eltern das Verhalten ihrer Lieblinge kaum wiedererkennen. Überrascht erfahren so die Eltern äußerst lebhafter Gören, daß ihr Sohn oder ihre Tochter in der Klasse ziemlich schüchtern und gehemmt auftritt. Auch umgekehrt mutieren laute Krakeeler, die den Paukern vorwiegend auf die Nerven gehen, zu Hause zu angepaßten braven Söhnen. Ein Blick auf den Pausenhof und das Verhalten Ihres Sohnes oder Ihrer Tochter in der Gruppe der Mitschüler ist in jedem Falle hochinteressant und aufschlußreich. Für die meisten Eltern ist es ein Schock.

Erwarten Sie nicht zuviel!

Während Eltern ihre Kinder lieben (sollten!), können SchülerInnen den Paukern höchstens sympathisch sein. Aber sie können fehlende Zuneigung nicht heucheln, im günstigsten Fall wenigstens zur Kenntnis nehmen und nicht zum Nachteil des betroffenen Schülers werden lassen. Umgekehrt kann nicht jedes Kind jeden Pauker mögen. Wenn die Chemie in Lehrer-Schüler-Verhältnissen einfach nicht stimmt, muß das Verhalten beider Seiten wenigstens korrekt sein. Viele Eltern erwarten aber unbewußt, daß das eigene Kind auch für die LehrerInnen etwas ganz Besonderes darstellt. Befreien Sie sich von solchen Illusionen! Vor allem können die LehrerInnen eines nicht leisten: Therapeuten für die tieferliegenden Probleme Ihrer Kinder sein.

Jetzt gehe ich zu Dr. Specht: Wie Eltern erfolgreich verhandeln

Im »Gymnasiastenretter« wurden die LehrerInnen nach den Kriterien Einstellung zum Beruf, Unterrichtsstil und Härtegrad eingeteilt. Für die SchülerInnen, die ihre Pauker ja tagtäglich im Unterricht erleben dürfen, ist diese Einteilung leicht anwendbar. Eltern hingegen, die einem Gesprächstermin entgegensehen, haben keine Chance, aus eigener Anschauung den Lehrertyp zu bestimmen. Sie müssen sich auf die Beobachtungen verlassen, die ihre Kinder zu Hause kundtun, und die sind oft wenig hilfreich. Tatsächlich treten LehrerInnen den Eltern ganz anders gegenüber als den 12jährigen.

s. Gymnasiastenretter, S. 14: Lehrertypen und angemessenes taktisches Verhalten

Ein krasser Fall von Metamorphose war Herr Saffig aus R., und er hatte viele Elterngespräche zu absolvieren!
Immer wieder kamen Kinder weinend aus der Schule, weil Saffig die Beherrschung verloren und einzelne SchülerInnen, die er gerade auf dem Kieker hatte, fertiggemacht hatte. Zweimal gab es bereits peinliche Dienstaufsichtsbeschwerden gegen den Pädagogen, weil er gelegentlich sogar handgreiflich geworden war.
Saffig war eben Choleriker, und die langen alkoholgeschwängerten Vereinsabende trugen auch nicht zu mehr Ausgeglichenheit bei.
Geharnischt machten sich die betroffenen Eltern von schikanierten Schüleropfern daher auf den Weg zu einer Konfrontation mit dem vermeintlichen Hardliner und sahen sich dann ganz überrascht einem reizenden, zuvorkommenden alten Knaben gegenüber. Vor allem Mütter erlagen seinem Charme. So wurden immer wieder berechtigte Dienstaufsichtsbeschwerden zurückgezogen. Saffig schaffte es, daß Eltern sogar Verständnis für sein Verhalten an den Tag legten und später zu ihren Kindern sagten: »Ich weiß nicht, was du eigentlich gegen den Saffig hast. Er hat es ja wirklich nicht leicht mit eurer Klasse.«

Ein typischer Einwickler	Im folgenden Einteilungsschema wäre Herr Saffig als »Einwickler« beschrieben worden. Bereits eine Woche nach dem »klärenden« Gespräch gab es nämlich die nächste Entgleisung während des Unterrichts. Es war für Saffig leicht, seine Allmacht vor Kindern auszuleben. Erwachsenen gegenüber fühlte Saffigs angeknackste Persönlichkeit sich unterlegen.
Informieren Sie sich genau über den Lehrertyp!	Bevor Sie also zu Dr. Specht und seinesgleichen gehen, ist es von vitalem Interesse, daß Sie sich vorher informieren. Fragen Sie ungeniert bei anderen Eltern nach. Ziehen Sie aber auch Ihren Sohn oder Ihre Tochter zu Rate und versuchen Sie, eine Gesamtvorstellung über den Typus des Lehrers zu entwickeln, der Sie erwartet.
Ihr Ziel: Das Beste für Ihr Kind herauszuholen!	Solch ein Vorgehen ist um so wichtiger, wenn es um wirkliche Schulprobleme, wie zum Beispiel Sitzenbleiben, geht und Sie die Kastanien aus dem Feuer holen müssen. Legen Sie sich eine Taktik zurecht, damit Sie tatsächlich Ihr Ziel erreichen: Das Beste für Ihr Kind herauszuholen.
Worum es nicht geht	Es geht nicht darum, zum Beispiel den verhaßten Pauker Ihrer Tochter fertigzumachen. Es geht nicht darum, Rache für die selbst erlittene Schmach in der Schule zu nehmen. Selbstverständlich geht es auch nicht darum, allzu viel Verständnis für das harte Los eines Gymnasialpaukers zu entwickeln. Und schließlich ist kein scheinharmonischer Small talk angesagt. Es geht nur um Lösungen für das spezifische Schulproblem Ihres Kindes.
Formulieren Sie vorher für sich ein klares Gesprächsziel!	Machen Sie sich Ihr Gesprächsziel klar. Es könnte lauten: »Martin muß in Latein zum Ende des Schuljahres wieder eine sichere Vier auf dem Zeugnis haben. Er muß deshalb wieder einen positiven Zugang zu Pauker und Fach finden.« Oder: »Ich muß Herrn XY davon überzeugen, daß Daniel kein hoffnungslos verhaltensgestörter Versager ist, der nicht aufs Gymnasium gehört. Herr XY muß an Daniel glauben.«
Geschickt verhandeln!	Verhandeln Sie geschickt und zielgerichtet zugunsten Ihres Kindes. (Ein gutes Beispiel dafür wird im nächsten Kapitel beschreiben.)
Verstärkung mitnehmen!	Vor allem Mütter, die sich traditionell noch immer allein für Schulprobleme verantwortlich fühlen und den Eindruck haben, daß sie

in solchen Gesprächen leicht überfahren werden, sollten sich Verstärkung holen. Nehmen Sie einen kompetenten »Dritten« mit zu diesem Gespräch, zum Beispiel eine wortgewandtere Freundin oder Verwandte. Ältere Töchter und Söhne, die Schule und LehrerInnen als Insider kennen, können auch eine große Stütze sein, wenn es gilt, dem geschliffenen Auftreten und den starken Argumenten der Pauker etwas entgegenzusetzen.

Nochmals: Entlocken Sie Ihren Sprößlingen präzise und umfassende Informationen gerade auch über peinliche Szenen mit dem Problemlehrer und über schlechte Noten. So sind Sie vor schockierenden Enthüllungen der Gesprächspartner sicher und haben eine bessere Verhandlungsposition. Auch wenn Sie selbst wütend über die grenzenlose Schlampigkeit, Frechheit, Faulheit usw. Ihres Kindes sind, vertreten Sie trotzdem eine positive Linie und glauben Sie an die Veränderungsfähigkeit. Die folgenden praktischen Beispiele für geschicktes Vorgehen bei den verschiedenen Lehrertypen können Sie nachahmen und damit erfolgreicher für Ihren Sohn oder Ihre Tochter verhandeln.

Taktisch kluger Umgang der Eltern mit den verschiedenen Lehrertypen

Der Schulprofi unterteilt die Lehrertypen nach dem Grad ihres tatsächlichen Eingehens auf die Probleme, die Sie als Eltern vortragen, sowie nach ihrer Kritik- und Veränderungsfähigkeit. Es gibt Überschneidungen mit den Typen aus dem »Gymnasiastenretter«, so daß Sie als Eltern aus den Schilderungen Ihrer Kinder zumindest begrenzte Rückschlüsse ziehen können.

Sieben gängige Lehrertypen

Sieben Grundtypen treffen Sie am Gymnasium, aber auch an anderen Schularten, an:
— unfehlbare Päpste;
— begrenzt lernfähige »Betonköpfe«;
— Abwiegler;
— Einwickler;
— Pseudo-Psychologen;
— »Puddinge an der Wand«;
— kooperative, kritikfähige IdeallehrerInnen.

Unfehlbare Päpste

LehrerInnen fehlt ein Korrektiv

LehrerInnen sind Einzelkämpfer. Wenn sie sich keine großen Schnitzer leisten und alle Regelungen bei Leistungsmessung, Klassenbuchführung und sonstigen Lehrerpflichten brav erfüllen, bekommen sie kaum positive oder negative Rückmeldungen über die Qualität ihrer Arbeit. Da beim Gros der Pauker der Unterricht reibungslos abläuft und keine Erwachsenen hinter die geschlossene Klassentür schauen und Kritik üben, fehlt einfach ein Korrektiv.

Der Wahn der Unfehlbarkeit

Im Laufe der langen Dienstzeit entsteht so bei einigen Paukern der Wahn der Unfehlbarkeit. Die traditionellen Hardliner sind bei den unfehlbaren Päpsten in der Überzahl. Traditionell sind bei ihnen vor allem die Vorstellungen über die Zutaten für Schulerfolg: Begabung und Fleiß.

Das simple Schülerbild der Hardliner

Begabung ist ererbt und Fleiß wird durch Lehrer- oder Elterndruck erzeugt, lautet die handliche Formel. Progressive Unterrichtsmethoden, partnerschaftliches Verhältnis zu SchülerInnen, Förderung etc. halten sie für Fehlentwicklungen weltfremder Pädagogik.

»Ich mache anständigen Unterricht und kann gut erklären. Wer bei mir Fünfen und Sechsen schreibt, gehört nicht aufs Gymnasium!« verkündet Mathematiklehrer Hasso Dattel ungeniert. Seine Rolle als Klassenlehrer schildert er gerne mit folgendem Bild: »Wer sich bei mir ausheulen will, kann das tun, aber ich wische niemandem den Hintern ab.«
Es gibt überraschend viele SchülerInnen, die mit Dattel gut zurechtkommen. Er ist korrekt, gerecht vor allem eins: leicht einzuordnen und zu verstehen. Seine Linie ist klar. Befolgt man eine wohltuend einfachen Regeln, läßt es sich mit ihm gut leben, ganz im Gegensatz zu den vielen verwirrend widersprüchlichen LehrerInnen der neuen Generation. Aber nicht jeder kommt mit seinen strammen Unterrichtsmethoden und der rigiden Art zurecht. Zartbesaitete Jugendliche lehnen die markigen Sprüche ab. Wenn solch sensible SchülerInnen nicht gerade geborene Mathegenies sind, ist der Abstieg in diesem Fach programmiert. Sind diese SchülerInnen begabt, erreichen aber keine guten Noten, ordnet Dattel sie als faul ein. Keine Spur von Selbstkritik an seinen Unterrichtsmethoden, keine Initiative zur Förderung schwächerer Schüler käme Dattel in den Sinn. Auf diese Weise schafft er immer wieder Konfliktstoff und wird ständig von aufgeschlosseneren Eltern »belästigt«, die, wie er sagt »ihre Kinder in Watte packen wollen und überhaupt nichts mehr von ihnen verlangen.«

Ein typisches Elterngespräch bei Dattel verläuft etwa so:

Herr Dattel hat die Stoppuhr auf dem Pult liegen. Fünf Minuten Zeit läßt er sich pro Elterngespräch. Auf dem Pult ausgebreitet liegt das kleine rote Notenbuch mit den säuberlich eingetragenen Einzelnoten. Frau Braun, die Mutter von Kai, hat um einen Termin wegen der schlechten Klassenarbeiten ihres Sohnes gebeten.

Frau Braun: Herr Dattel, Kai hat die letzten beiden Klassenarbeiten fünf geschrieben. Ich verstehe das nicht. Kai war sonst immer recht gut in Mathematik.
Herr Dattel: Das stimmt. Kai kommt jetzt in das Alter, wo die Jungen sich gerne hängenlassen. Er tut zu wenig.
Frau Braun: Ja, vielleicht. Aber mein Mann übt doch jeden Abend mit ihm.
Herr Dattel (leicht gereizt): Ja, ja. Der Junge muß auch selbst wollen. Er ist hier schließlich am Gymnasium.

Dattel rechnet Frau Braun die mündlichen und schriftlichen Noten bis auf zwei Stellen hinter dem Komma vor. Das Ergebnis ist niederschmetternd.

Herr Dattel: Kai muß sich auch im Unterricht mehr anstrengen!
Frau Braun: Kai hat mir gesagt, daß er Angst hat, sich im Unterricht zu melden, weil die Antwort vielleicht falsch sein könnte. Ich glaub', er hat überhaupt Angst vor Ihnen. In der Klasse lachen sie immer, wenn jemand sich mit einer falschen Antwort blamiert.
Herr Dattel (lachend): Das dürfen Sie nicht so ernst nehmen. Ich behandle alle Schüler gleich und gerecht. Jugendliche sind nun mal untereinander etwas rauh. Kai muß sich da mal durchbeißen. Machen Sie doch zu Hause etwas mehr Druck.

Drei wichtige Fragen berühren Herrn Dattel überhaupt nicht: Warum hat Kai Angst vor mir? Wie kann ich das unsolidarische Lachen der Mitschüler abstellen? Aus welchem Grund hat Kai die Freude am Fach Mathematik verloren?
Kai muß sich ändern und die Eltern müssen mehr Druck machen. Mit diesen bemerkenswerten Empfehlungen versehen, macht Kais Mutter sich auf den Heimweg.

Wie ist so ein unfehlbarer Papst zu packen? Wie kann das Ziel erreicht werden, SchülerInnen wie Kai wieder Freude am Fach des »Papstes« zu vermitteln?
Werfen Sie als erstes die Illusion über Bord, daß Dattel und Konsorten sich und ihren Unterrichtsstil kurzfristig ändern.

Der Unfehlbare ändert sich kurzfristig nicht

Konzentrieren Sie sich lieber auf das Machbare: »Der unfehlbare Papst muß von Kais Fleiß und Begabung überzeugt werden. Kai muß die Angst vor dem Hardliner verlieren. Herr Dattel muß sein Herz für Kai entdecken.« So etwa könnte die klare Zielformulierung vor einem Gespräch lauten. Mit dieser Formulierung im Kopf kann das Gespräch mit einem Unfehlbaren doch eine ganz andere Wendung nehmen.

Formulieren Sie ein realisierbares Ziel!

Sie gestalten den Gesprächsrahmen

Zunächst sollte der Gesprächsrahmen anders gestaltet werden. So ein Hardliner ist zu zweit leichter zu beeindrucken. Kais Vater sollte also unbedingt auch erscheinen und muß Eindruck schinden, denn Begabung ist ja für Dattel ererbt! Der Klassenraum gibt Dattel zu starken Heimvorteil. Besser wäre ein neutrales Elternsprechzimmer.

Gewinnen Sie sein Wohlwollen!

Fordern Sie seine Fähigkeiten heraus!

Greifen Sie während des Gesprächs die Methoden und Einstellungen des Papstes nicht an, denn es gilt ja, sein »good will« zu gewinnen. Fordern Sie ihn lieber heraus. »Ich habe mich mit anderen Eltern der Klasse ausgetauscht und übereinstimmend erfahren, daß Sie den Schülern die Mathematik sehr gut vermitteln können. Wer bei Ihnen die Grundlagen im Fach vermittelt bekommt, hat gute Chancen in der Oberstufe. Ich bin froh, daß Kai bei Ihnen Mathematik hat. (Diese Aussagen sind keine Lüge.) Kai hat uns über seine schlechten Noten informiert und ist selbst sehr unglücklich, daß es so negativ läuft. Nennen Sie uns doch bitte ganz konkret seine Lücken und Defizite, damit Kai gezielt nachholen kann. Ich habe die Arbeiten mitgebracht.«

Der »Papst« freut sich über das Lob und die konkrete Art der Fragestellung. Er ergeht sich in Einzelpunkten, wo Kai Lücken hat.

Schalten Sie alles Besserwisserische aus!

Ein Lob macht sie gleichwertig

Kais Mutter und Vater geben sich Mühe, alles Besserwisserische auszuschalten. Das besorgen die »Päpste« schon selbst! Als »Gleichgestellte« Eindruck zu schinden muß das Ziel sein. Ein Lob kann eigentlich nur von Gleich- oder Höhergestellten erteilt werden. Machen Sie sich diesen Trick zunutze.

Sorgen Sie für Erfolgszwang!

Am Ende des Gesprächs könnten Kais Eltern noch eine Bitte äußern. »Kontrollieren Sie doch bitte Kais Hausaufgaben, damit wir überprüfen können, ob er weiterkommt oder nicht.« Natürlich sorgen Sie dafür, daß Herr Dattel nur perfekt gelöste Hausaufgaben zu Gesicht bekommt. So kann Kai sich garantiert ein Lob von Dattel einhandeln.

Es geht bergauf!

Mit diesem Vorgehen ist schon viel erreicht: Der »Papst« nimmt einen Schüler wie Kai von nun an mit einer positiven Voreinstellung wahr, was sich wiederum auf Kai überträgt. Er traut sich ab und zu, sich zu melden. Diese minimalen Erfolgserlebnisse lassen Mathe ein bißchen weniger niederschmetternd und erfolglos erscheinen. Kai hat die Chance, sich allmählich wieder hochzuarbeiten. Zusätzlich ist es geschickt, eine Erfolgskontrolle einzubauen und im Gespräch schon einen Termin für die Erfolgsbilanz anzukündigen. Typen wie Dattel, die stark leistungsorientiert denken, werden in der Regel versuchen, diesen Erfolg auch herzustellen. Eine glatte mündliche Vier statt der wackligen Vier minus ist schnell ins Notenbuch geschrieben.

Zugegeben, nicht jeder kann so geschickt Eindruck schinden. Die Methode, die Fähigkeiten der LehrerInnen herauszufordern, kann aber auch gelingen, wenn Sie als Eltern sich fachlich und menschlich dem Pauker nicht gewachsen fühlen.

Daß solche unfehlbaren Päpste unerträglich arrogant sind und dringend mal eine Erschüttterung ihrer Selbstherrlichkeit verdienten, steht auf einem anderen Blatt. Bedenken Sie aber: Als einzelne Mutter oder als einzelner Vater beißen Sie sich nur vergeblich die Zähne aus. Gehen Sie gegen nicht mehr tragbare »Päpste« nur gemeinsam mit den Elternsprechern und der Schulleitung vor. (Siehe auch das Kapitel »Wenn ein Pauker untragbar wird«.)

Gehen Sie gegen unfehlbare Päpste nicht allein vor!

Bedingt lernfähige Betonköpfe

»Mit dem kann man überhaupt nicht reden! Wenn Du da raus gehst, platzt Du vor Wut! Dieser arrogante Pauker legt sich mit den Eltern gezielt an!« Dieser Ruf schallt der nächsten Gruppe, den bedingt lernfähigen Betonköpfen voraus. Unverbesserlich ecken sie immer wieder mit ihren festgefahrenen Vorstellungen über SchülerInnen und Unterricht an. Sie sind aber bedingt lernfähig, denn anders als der unfehlbare Papst sind sie nicht über jede Kritik erhaben. Sie legen sich regelmäßig mit kritischen Eltern an und ziehen dabei oft den kürzeren. Um Ärger mit den Vorgesetzten aus dem Wege zu gehen, setzen sie manchmal zähneknirschend Noten herauf, wenn sie allzu verbissen zugeschlagen haben, oder nehmen überzogene Disziplinarmaßnahmen wieder zurück. Hier gibt es viele Überschneidungen mit den »frustrierten Hardlinern« aus dem »Gymnasiastenretter«.

Unverbesserliche, die die Konfrontation mit den Eltern suchen

s. Gymnasiastenretter S. 20

Insgesamt ist die Persönlichkeit des bedingt lernfähigen Betonkopfes aber wenig gefestigt und daher auch den Eltern leicht zugänglich. Scheuen Sie nicht den Clinch!

Sie sind leichter zugänglich

Herr Forcher aus K. ist ein solcher Betonkopf. Klein, unscheinbar, aber explosiv, heißt er bei den SchülerInnen »Knallfrosch«.
Seine Lieblingsvokabel heißt »gymnasiales Niveau« und auf dessen Einhaltung pocht er unerbittlich.
Wer »Knallfrosch« in Französisch hat, darf sich auf lange Abende mit Vokabellisten und Grammatikheften freuen, verliert aber in der Regel jeden Spaß an der Fremdsprache. Vielleicht weil die SchülerInnen seine ätzende Art nicht mögen, muß er die Motivation, wie es im Fachchinesisch heißt eben »sekundär« erzeugen. Das heißt im Klartext durch Notendruck und Schüler-Beschimpfungen.
So ist es nur konsequent, daß die Eltern als Änwälte ihrer Kinder bei Knallfrosch Schlange stehen.
Knallfrosch ist aber pädagogisch wesentlich geschulter als der traditionelle Hardliner, denn er will noch Karriere in der Schulleitung machen.

Ein typisches Elterngespräch bei Knallfrosch sieht etwa so aus:

Herr Forcher: Ich habe Sie her bestellt, weil Andrea wiederholt keine Hausaufgaben gemacht hat. Sie ist aufsässig und macht die ganze hintere Bank rebellisch. Machen Sie ihr bitte klar, daß sie mit dieser Leistungsbereitschaft und diesem Verhalten fehl am Platz im Gymnasium ist.
Andreas Vater (bereits geladen): Was soll denn das heißen? Andrea hat überall nur Einser und Zweier. Ich könnte mir vorstellen. daß ihr der Unterricht bei Ihnen keinen Spaß macht.
Herr Forcher: Moment mal! Die Schüler sind nicht zum Spaß hier. Wer sich nicht anständig aufführt, hat hier nichts zu suchen. Vielleicht sollten Sie ihr dies als Vater klarmachen. Ich lasse so ein Verhalten jedenfalls nicht durchgehen.
Andreas Vater: Haben Sie schon einmal was von Motivation gehört? Geben Sie doch zu, Ihr Unterricht ist stinklangweilig. Ich kann mich gut in Andrea hineinversetzen. Sie läßt sich nicht alles gefallen. So haben wir sie erzogen.

Die Konfrontation wird immer hitziger. Andreas Vater ist nachher selbst erstaunt über sein Auftreten, denn noch vor dem Gespräch war er selbst über Andreas allzu kesse Art wütend gewesen. Der Knallfrosch kocht vor Zorn.
In den folgenden Wochen fühlt der Französischlehrer Andrea ständig auf den Zahn, kontrolliert ihre Hefte und knallt ihr Fünfen und Sechsen für nichtgemachte Hausaufgaben ins Notenbuch. Andrea wird immer aufsässiger. Nichts ist durch das Gespräch gewonnen!

Das Gesprächsziel hätte von Anfang an anders formuliert werden müssen: »Herr Forcher muß auf die Bedürfnisse der SchülerInnen stärker eingehen und die Hausaufgaben reduzieren. Andreas überzogen aufsässiges Verhalten muß gebremst werden.«

Durchbrechen Sie das Konfrontationsmuster!

Taktisch klügeres Vorgehen muß die Eigenarten und Schwächen des Betonkopfes berücksichtigen und geschickter einkalkulieren. Wichtig ist der Versuch, das übliche Konfrontationsspielchen dieses Lehrertyps nicht mehr mitzuspielen. Ursache der ausgefahrenen Stacheln ist ja das Wissen um die eigenen Schwächen gepaart mit den festgefahrenen Vorstellungen über Disziplin und Leistung, die die Eltern so nicht teilen. Der Betonkopf steht also immer mit dem Rücken zur Wand und schlägt schon zurück, bevor er überhaupt angegriffen wurde. Dieses Muster gilt es zu durchbrechen.

Eröffnen Sie das Gespräch mit einem harmlosen »warming up« und versuchen Sie eine andere, menschlichere Saite in Betonkopfs Naturell anzuschlagen. Ein Beispiel: »Ich wollte Ihnen vorab sagen, daß ich Ihr Projekt XY bei der Projektwoche sehr interessant fand.« Nun verwickeln Sie ihn in einen Small talk über ein Lieblingsthema. In Frage kommen Exkursionen, Vereinsarbeit oder bekannte Hobbys des Problemlehrers. Ziel ist, daß der Gesprächspartner sich gut aufgehoben fühlt.

Ein harmloses »warming up« als Gesprächseröffnung

Ist dies geschafft, betonen Sie das gemeinsame Anliegen von Schule und Elternhaus. »Wenn ich mir die Jugendlichen so ansehe, beneide ich keinen, der sich tagtäglich mit ihnen herumschlagen muß!« (Was tatsächlich stimmt und keiner inneren Verrenkung bedarf.) »Jetzt haben wir als Eltern und Sie als Lehrer dieses Problem mit Andreas Verhalten. Wir möchten gerne Ihren Rat in dieser verfahrenen Sache.«

Betonen Sie das gemeinsame Anliegen von Schule und Elternhaus!

Auf diese Weise drängen Sie den Betonkopf in eine neue Rolle als kompetenten pädagogischen Ratgeber, der Lösungen anbieten muß. Die »Eltern-und-Lehrer-in-einem-Boot«-Vorstellung bringt ihn davon ab, Eltern als böse Widersacher wahrzunehmen. Arbeiten Sie dann einen konkreten »Erfolgsplan« für Ihr Kind aus, der ähnlich wie beim »Papst«, den Pauker unter Erfolgszwang setzt.

Verwandeln Sie den Betonkopf zum kompetenten Ratgeber!

Die zuvor formulierten Gesprächsziele können so zwar nicht direkt erfüllt werden, aber der Betonkopf wird die Schülerin von nun an freundlicher behandeln, so daß ihrer Aufsässigkeit die Grundlage genommen wird.

Die berechtigte Kritik an seinem Unterrichtsstil und dem überzogenen Leistungsdruck heben Sie sich für einen Elternabend auf, wo Sie in Zusammenarbeit mit den Elternsprechern auf Veränderungen drängen können. Etwas verkantete Persönlichkeiten wie der Betonkopf reagieren eher auf Autoritäten. Spannen Sie daher Schulleitung oder Fachkonferenzleiter bei Ihren Veränderungsver-

Verschleißen Sie sich nicht im Einzelkampf!

suchen mit ein. (Alle Kollegen einer Schule, die dasselbe Fach unterrichten, bilden die Fachkonferenz und wählen einen kompetenten Vorsitzenden. Diese Fachkonferenzen besitzen laut Schulordnung etliche Befugnisse.) Ehrgeizige Betonköpfe können engagierte Kritik nicht einfach hinnehmen. Sie werden gezwungen, auch gegen ihre Überzeugung modernere Methoden wie Freiarbeit, Gruppenarbeit und Projekte zu praktizieren. Aber auch hier gilt: Verschleißen Sie sich nicht im Einzelkampf!

Abwiegler

Machen sich Pauker wie der »Knallfrosch« das Lehrerleben nur unnötig schwer, so nimmt die folgende Gruppe den Job eher von der leichten Seite. Ihr Hauptanliegen in der Zusammenarbeit mit Eltern ist Ärgervermeidung. »Eltern-Clinch bringt nichts ein außer Streß« haben sie erkannt. Die älteren unter ihnen haben Schülergenerationen kommen und gehen sehen und ziehen ihren Unterricht durch wie immer.

»Wenn der Wind der Reformen weht, ducke ich mich tief in die Ackerfurchen, warte ab und mache dann so weiter wie bisher«, ist ein Lieblingsspruch von Deutschlehrer Schrader. In der Typologie des »Gymnasiastenretters« wäre er ein traditionell Lockerer.
Aber kein Zweifel, er vertritt die klassischen Werte des Gymnasiums. Die sogenannten »Sekundärtugenden« wie Pünktlichkeit, Ordnung, Disziplin und Fleiß müssen von den SchülerInnen unbedingt eingehalten werden, während Schrader sich selbst einen großen Freiraum zugesteht. Gerne kommt er erst zehn Minuten nach Unterrichtsbeginn in die Klasse, schreibt immer die selben Klassenarbeiten und zieht seine Unterrichtseinheit über Goethes Faust schon seit Jahren nach dem selben Strickmuster durch. Modernere Unterrichtsmethoden nimmt er zwar tolerant zur Kenntnis, vertraut aber lieber aufs Bewährte.
Wenn Schüler »dumm« oder »faul« sind, gibt Schrader gelegentlich auch Fünfen, um sich als harter Gymnasiallehrer zu profilieren.
Zur vernichtenden Sechs in Deutsch, die automatisch zum Sitzenbleiben verurteilt, greift er jedoch nie, denn dann würde Schrader Ärger bekommen. Daß andere Kollegen fachlich versierter sind als er, weiß Schrader natürlich, und so hält er sich lieber bedeckt. Schwache SchülerInnen hält er immer zwischen Vier minus und Fünf plus, damit er im Zweifelsfalle die Noten heraufsetzen kann, wenn Ärger droht. Insgesamt arbeitet er nach der Spielregel: Laßt Ihr (Eltern und Schüler) mich in Ruhe, lasse ich Euch in Ruhe.
Schrader ist für die meisten ein sehr angenehmer Pauker, bei dem man sich vom anstrengenden Hardliner-Unterricht erholen kann, aber leider lernen seine Zöglinge nicht übermäßig viel. Bekommen sie anspruchsvollere Nachfolgelehrer, klaffen bedenkliche Wissenslücken.

Schrader ist daher den Ehrgeizigen unter den Eltern ein Dorn im Auge. Zwei weitere Konfliktpunkte ergeben sich durch seine Untätigkeit als Klassenlehrer. Weder plant er besondere Aktivitäten noch greift er pädagogisch ein, wenn Schüler untereinander Konflikte haben. Zudem verstehen manche SchülerInnen die Spielregeln bei Schrader nicht. Sie glauben, daß die großzügige Auslegung von Pünktlichkeit und Zuverlässigkeit, die er sich selber zugesteht, auch für sie selbst gilt und fangen an zu schludern. Überraschend schlägt Schrader dann mit knallharten, traditionellen Disziplinarmaßnahmen zu.

Hat Ihr Sohn oder Ihre Tochter Lehrertypen wie Schrader, ist die Wahrscheinlichkeit groß, daß Sie irgendwann im Interesse der Kinder eingreifen müssen.

Ein typisches Elterngespräch sieht dann etwa so aus:

Daniela Hermann ist seit einem halben Jahr Schülerin der Klasse 10a. Schrader ist ihr neuer Klassenlehrer. Daniela kam vom anspruchsvollen Humboldt-Gymnasium in Bayern. Sie gilt als begabt und ehrgeizig.

Frau Hermann: Ich komme zu Ihnen, weil Daniela in Ihrer Klasse leider nicht zurechtkommt. Sie traut sich nicht, Leistung zu zeigen, weil die anderen sie als Streberin bezeichnen. Sie äffen Daniela nach, nehmen ihr die Sachen weg usw. Besonders schlimm ist dieser Marco, hat Daniela mir anvertraut. Gestern haben er und ein paar Freunde ihr in der großen Pause aufgelauert und ihr eine Wasserbombe (Anm. d.Autorin: ein mit Wasser gefüllter Luftballon) übergeworfen. Daniela war bis auf die Haut durchnäßt. Die Jungen wollten ihre Brustwarzen unter dem nassen T-Shirt sehen.
Schrader (lachend): Na ja, Frau Hermann, lassen Sie mal. Das sind doch harmlose Streiche. Die Jungen sind nun mal in einem schlimmen Alter. Das gibt sich schon ...
Frau Hermann: Also ich weiß nicht. Dazu kommt, daß Daniela entsetzt ist über das geringe Leistungsniveau der Klasse. Sie wissen ja, daß mein Mann bei der Bundeswehr ist und wahrscheinlich bald wieder zurück nach Bayern versetzt wird. Daniela hat Angst, daß sie dann den Anschluß verliert.
Schrader: Ja, ja, das Gymnasium hat leider immer mehr an Niveau verloren. Das merken wir hier auch. Hinz und Kunz glaubt Abitur machen zu müssen. Wo das alles hinführen soll?
Frau Hermann: Jetzt habe ich noch konkret eine Frage an Sie. Die Klasse fährt ja im Juni in die Toskana. Daniela will nicht mitfahren, weil sie Angst vor Marco und seiner Clique hat. Wegen ihrer Freundin Claudia würde sie schon gern mitkommen, aber sie sagt, wenn man zum Beispiel nicht mittrinken will, wird man gezwungen. Nachts machen die Jungen die Mädchenräume unsicher und belästigen die Gutaussehenden. So war es wohl neulich bei dem religiösen Wochenende im Schullandheim.
Herr Schrader: Machen Sie sich mal keine Sorgen. Daniela wird schon mitkommen. Reden Sie ihr gut zu. Schließlich bin ich ja auch noch da, nichts wird so heiß gegessen, wie es gekocht wird. Sie wissen, was ich meine.

Dann schweift Schrader endlos ab und schwärmt von der Toskana. Frau Hermann findet Schrader zwar sympathisch, aber sie ärgert sich auch. Sprüche, nichts als Sprüche hat er von sich gegeben. Auf Danielas Probleme ist er überhaupt nicht eingegangen. Dabei gibt es mindestens zwei schwerwiegende Punkte, wo ein Klassenlehrer unbedingt eingreifen müßte: Sexuelle Belästigung der Mädchen, die den Rahmen des Harmlosen überschreiten, und ein Klima der Leistungsfeindlichkeit in seiner Klasse. Beide alarmierenden Informationen hat Schrader erfolgreich abgewiegelt. Er hat gar keine Lust, sich mit den Mißständen in seiner Klasse herumzuschlagen. In einem dreiviertel Jahr sind die SchülerInnen sowieso in der Oberstufe oder abgegangen. Die Leistungsfeindlichkeit hat sich Schrader, das weiß er insgeheim, selbst zuzuschreiben, denn die Mehrheit der Schüler hat seine bequemen Spielregeln nur allzu gut verstanden. Er hat kein Interesse, an diesen Schwachpunkt zu rühren.

Erfolg mit einer Doppelstrategie

Wie erreichen es geschickte Eltern, daß solche Abwiegler zur Sache kommen? Eine Doppelstrategie ist erforderlich.

Bestehen Sie immer wieder auf Ihrem Anliegen!

Erstens: Wiederholen Sie, auch wenn es gebetsmühlenhaft wirkt, den Punkt, auf den es Ihnen ankommt. Zwingen Sie so den Abwiegler zur Stellungnahme.
Frau Herrmann hätte also nach jedem Abwiegelungsversuch insistieren müssen. »Nehmen Sie doch bitte Stellung zu den sexuellen Belästigungen!« Und: »Was wollen Sie konkret unternehmen, um Marcos Verhalten zu ändern?« Oder: »Wie kommt es, daß die Klasse in Deutsch so leistungsschwach ist? Wie wollen Sie das ändern?«

Machen Sie ihm Druck

Zweitens: Machen Sie Druck! Nehmen Sie sich Verbündete mit, denen der Abwiegler nicht so leicht ausweichen kann. Kündigen Sie an, daß Sie die Schulleitung über die Mißstände in der Klasse informieren werden. Keine Angst, der Abwiegler wird sich nicht an Ihrem Sohn oder Ihrer Tochter rächen. Dann bekäme er nur erneuten Ärger. Im Gegenteil, er wird sie mit Samthandschuhen anfassen.

Er möchte Sie nie wiedersehen!

Geht es wirklich nicht anders, werden Sie laut und unangenehm. Der Abwiegler wird dann alles tun, um Sie so schnell nicht wieder »auf der Matte stehen« zu haben.

Einwickler

»Zusülzen« als Verhandlungsstil

Die Teenagersprache hat den wunderbaren Begriff »sülzen« oder »zusülzen« entwickelt. Das Bild, wie ein armer Zuhörer mit zäher, wabbriger Sülze langsam übergossen wird und dann zur Unbeweglichkeit erstarrt, beschreibt genau den Verhandlungsstil unserer nächsten Lehrergruppe.

Ein gemeinsamer Nenner für ihren Unterrichtsstil, ihre Einstellung zur Schule und zur Elternarbeit ist nicht zu finden. Mit der Technik des Einwickelns operieren traditionelle und fortschrittliche Kräfte gleichermaßen. Eine Regel gilt jedoch: Wer »zusülzt« will verhindern, daß er/sie angegriffen wird. Fehler, Schwächen, Unvermögen und Peinlichkeiten sollen möglichst verborgen bleiben. Offene Kritik oder gar Bearbeitung von Mißständen kann aus irgendeinem Grund nicht zugelassen werden.

Einwickler wollen etwas verbergen

Grund genug, Eltern einwickeln zu müssen, hat zum Beispiel Frau Gebhardt, die auch im Kapitel »Wenn LehrerInnen untragbar werden« erscheint. Wie viele Meister des Einwickelns bedient sie sich bei dieser Taktik eines besonderen Lehrervorteils: Sie spricht das pädagogische Fachchinesisch, das nur Insider verstehen. Belanglosigkeiten können so zu imponierenden Statements aufgeblasen werden, die Eindruck hinterlassen. Eine Zeitlang glauben Eltern dann tatsächlich an Kompetenz und Tüchtigkeit der Lehrkraft, bis der nächste grobe Schnitzer passiert.

Das Fachchinesisch der Pädagogensprache soll imponieren

Beobachten wir Frau Gebhardt in einem dieser typischen Gespräche:

Frau Gebhardt: Nett, daß Sie gekommen sind, Frau Moll. Ich finde, daß die Kooperation zwischen Schule und Elternhaus noch viel stärker intensiviert werden sollte. Sie sind die Mutter von John? Ja, der sympathische Kleine aus der 8b. Ach wissen Sie, er hat so eine nette sensible Art. Natürlich ist er in der pubertären Protestphase. Sie wissen ja, wo die Persönlichkeit noch so weite Dimensionen der Entwicklung zu bewältigen hat. Ich beobachte diesen Prozeß der Identifikationsfindung gerade in der 8b. Die Jungen haben noch einen Nachholbedarf an...
Frau Moll: Ich bin eigentlich gekommen, weil John im letzten Erdkunde-Test eine Sechs bekommen hat. Der Test ging über Hausaufgabenstoff, den die Kinder noch gar nicht durchgenommen und verstanden haben.
Frau Gebhardt: Ja, ich weiß. Es war der Test über das Deichsystem am Assuan-Staudamm. Es ist den Kindern didaktisch ja auch so schwer zu vermitteln, daß der untere Querschnitt der Dammanlage etwa das 1 1/2fache des oberen Schnittes betragen muß. Wenn da in Mathematik die Vorkenntnisse über Divisionsverfahren noch nicht vorliegen, muß ich große methodische Umwege gehen. Als Erdkundelehrer muß man dazu auch noch die historischen Grundkenntnisse nachholen. Fundamentum et additum, nach diesem Prinzip versuche ich immer vorzugehen. Und beim Assuan-Staudamm ist die Anschauung so zentral, 14jährige haben nun

mal keine abstrakte Vorstellung von den Dimensionen der Naturphänomene im oberen Niltal. Ich lege aber besonderen Wert auf die gründliche Vermittlung der Deichsysteme, damit die Kinder später ...
Nach 12 Minuten schwirrt Frau Moll der Kopf und sie wagt zu unterbrechen: In der Klasse hatten aber neun Kinder eine Sechs, die haben alle den Stoff nicht verstanden.
Frau Gebhardt: Das liegt an John. Er ist unverschämt und frech. Ich erkläre Ihnen jetzt das Schema der Notenfindung.

Nun ergeht sich die Erdkundelehrerin in Berechnungsmodellen, Orientierung an der statistischen Normalverteilung usw. Frau Moll versteht kein Wort. Sie fühlt sich ungebildet und klein. »Jemand, der so viel weiß und alles so genau plant, kann nicht so viel Bockmist machen«, denkt sie und beschließt, sich John zu Hause noch einmal energischer vorzuknöpfen. Schließlich ist die Gesprächszeit um und Frau Gebhardt muß zurück in den Unterricht. Zu Hause schimpft Frau Moll mit ihrem Sohn. »Ich verstehe nicht, warum du mit Frau Gebhardt nicht zurechtkommst. Sie gibt sich doch so viel Mühe. Reiß dich zusammen und tu endlich was«, muß John sich anhören.
In Wirklichkeit macht Frau Gebhardt haarsträubende fachliche und vor allem pädagogische Fehler. Der Text, über den der Test geschrieben wurde, war viel zu schwer für 14jährige. Nur SchülerInnen, deren Eltern brav Hilfslehrer spielten und alles erklärten, hatten den Text überhaupt verstanden. Frau Molls Klage war also mehr als berechtigt.

Statt Zeitverschwendung in Einzelgesprächen: Anwesenheit des Schulleiters

Der Elternretter empfiehlt: Verschwenden Sie hier nicht mehr Ihre Zeit. Haben Sie die Einwickelmethode einmal durchschaut, brauchen Sie die »Sülze« nicht länger zu ertragen. Gehen Sie Einzelgesprächen gleich aus dem Weg und bestehen Sie auf Anwesenheit des Schulleiters oder eines Vertreters. Wenn Sie selbst als Gesprächspartner zu weich sind, nehmen Sie einen knallharten Partner mit, der/die immer wieder sagt: »Kommen Sie endlich auf den Punkt«, »Reden Sie nicht herum!«, »Entschuldigung, das interessiert uns nicht!« Wiederholen Sie mit anderen Worten Ihr eigentliches Anliegen bis zur Penetranz. Besser ist eine gemeinsame Aktion aller Eltern! (Siehe auch Kapitel: »Wenn ein Lehrer untragbar wird.«)

Pseudo-Psychologen

GymnasiallehrerInnen mit Helfersyndrom

Gewiß ist es ein großer Fortschritt, daß bei der Lehrerausbildung heute Grundkenntnisse in Psychologie und Pädagogik vermittelt werden. Begrüßenswert ist sicher, daß GymnasiallehrerInnen sich nicht mehr nur als Wissensvermittler verstehen, sondern zudem um das seelische Wohlergehen der lieben Kleinen besorgt sind, sich also auch als Helfer für Probleme aller Art anbieten. Tatsächlich zählt der Lehrerberuf zu den sogenannten Helferberufen wie Arzt, Krankenschwester, Sozialarbeiter etc. Die Helfertätigkeit zieht jedoch immer auch Persönlichkeiten an, die dem Helfersyndrom verfallen und schließlich glauben, alles und jeden therapieren zu können und müssen. Gerade am Gymnasium sind solchen »Therapeuten« aber enge Grenzen gesetzt. Das starre Fachlehrerprinzip führt dazu, daß die einzelnen LehrerInnen die Schüler nur drei bis vier Stunden pro Woche sehen, und das im Beisein von bis zu 33 Mitschülern. Pausen und Freistunden, die für intensive Gespräche zur Verfügung stehen, sind rar. Dennoch opfern sich einige Idealisten und besonders ausgeprägte Helfer unter den Paukern auch nachmittags oder abends auf, um mit SchülerInnen über Probleme zu reden. Das ist gut so, denn mancher Jugendliche hat sonst keinen erwachsenen Ansprechpartner.

»Therapeuten« im Fachlehrersystem

Das Engagement darf aber nicht so weit gehen, daß Pauker ständig psychologisieren und SchülerInnen damit in seelische Konflikte stürzen.

LehrerInnen sind keine Therapeuten

Frau Lorenz hatte eine psychologische Ader. In ihrer Klasse war Birte, eine neue Schülerin, die unter Bulimie, das heißt Magersucht und Erbrechen, litt und sich dabei auch sehr auffällig verhielt. Sie kam mit den Mitschülern nicht zurecht.
Frau Lorenz, die selbst schon eine Therapie hinter sich hatte, fühlte sich gleich zuständig. Birte zu helfen und ihre Integration in die Klasse voranzutreiben, war ihr Ziel.
Keine Deutsch- oder Englischstunde bei Frau Lorenz verging fortan, ohne daß nicht über Birte und das Verhalten der Klasse gesprochen wurde. Die SchülerInnen beherrschen bereits den einschlägigen Fachjargon und sprachen von »miteinander umgehen«, »wie fühlst du dich, wenn...« und »ein Stück weit aufeinander zugehen«. Alles wurde be- und zerredet, nie war aber genügend Zeit, denn es mußte ja auch noch Englisch- und Deutschstoff vermittelt werden.
Es änderte sich wenig. Birtes Verhalten war einfach »asozial«, wie die Klassenkameraden meinten. Ehrgeizig zwar, aber mit Staralllüren ausgestattet, kanzelte Birte, die 1 1/2 Jahre lang in stationärer Behandlung gewesen war, die etwas jüngeren Mitschüler ab.
»Du mit deinem Kinderquatsch und dem affigen ›Take That‹-T-Shirt hast doch keine Ahnung, was wirklich abgeht!« hatte sie zu Anke gesagt. Anke rastete daraufhin aus und gab Birte eine Ohrfeige.
Birte beklagte sich sofort weinend bei Frau Lorenz. Die Klassenlehrerin war gleich in ihrem Element. »Gewaltsame Konfliktlösung darf es in meiner Klasse nicht geben. Anke, es tut mir leid, aber wir müssen Dein Aggressionsproblem bearbeiten«, hatte sie zu Anke gesagt. Eine komplette Unterrichtsstunde verwandte sie auf dieses Thema. Ankes Selbstbewußtsein war nach dieser Psycho-Stunde auf dem Nullpunkt angelangt.

»Mammi«, heulte sie am Nachmittag. »Die Lorenz hat gesagt, ich hätte eine niedrige Impulskontrolle oder so. Ich müßte daran arbeiten. Die blöde Ziege quatscht doch bloß rum. Die kommt doch selber nicht klar. Die will übrigens mit euch reden.«

Ankes Vater wurde hellhörig und ließ sich den Sachverhalt genauestens schildern. Zu Frau Lorenz wollte er ohnehin gehen, denn er verstand nicht, warum Ankes Deutschaufsätze so schlecht bewertet wurden.

Holen Sie sich Rückendeckung!

Der Elternretter rät zu folgendem Vorgehen: Der Vater sollte zunächst bei anderen Eltern anrufen, um sich rückzuversichern, daß er mit seiner Kritik nicht alleine steht. Er wird bestimmt viel Rückendeckung bekommen, denn auch andere Mütter und Väter stehen den Psycho-Stunden mißtrauisch gegenüber.

Was wollen Sie erreichen?

Ankes Vater muß sich klarmachen, was er im bevorstehenden Gespräch erreichen will. Das Ziel könnte etwa so formuliert werden: »Frau Lorenz soll einsehen, daß sie nicht ohne ausdrückliche Konsultation der Eltern derart nachhaltig und gezielt in die Psyche der Kinder eingreifen kann. Sie ist dafür nicht qualifiziert. Der unsinnige Aggressionsvorwurf muß zurückgenommen werden.«

Bestimmen Sie die Gesprächsebene selbst!

Beim Gespräch selbst sollte Herr Lorenz sich weder inhaltlich noch sprachlich auf die Ebene der Psychologie begeben, sondern sich auf die Rolle des besorgten Vaters konzentrieren. Das Psychologisieren ist ja schon Frau Lorenzens Domäne und soll gerade nicht zur Problemlösung herangezogen werden.

Ein Formulierungsvorschlag

»Wir finden es gut, daß Sie sich so intensiv um Ihre Klasse kümmern. Wir glauben aber, daß Sie und die Kinder überfordert sind, wenn es darum geht, so komplizierte psychische Probleme wie Birtes Bulimie zu bearbeiten. Wir finden es ganz normal, daß Anke sich gegen das völlig überzogene Verhalten von Birte zur Wehr gesetzt hat, auch wenn wir Ohrfeigen nicht gerade für das geeignete Mittel halten. Bitte machen Sie nicht auch noch unsere Tochter oder andere Kinder zu ›Fällen‹. Dieser Vorwurf, daß Anke aggressiv sei, macht ihr sehr zu schaffen und ist wirklich unsinnig. Wir meinen, daß Jugendliche in Ankes Alter Konflikte untereinander ganz gut alleine austragen können.« So etwa könnte Herr Lorenz argumentieren.

Ggf. Elternsprecher oder die Schulleitung einschalten

Bleibt trotz der guten Gesprächsvorbereitung das Treffen ergebnislos, dann sollte Herr Lorenz die ElternsprecherInnen auf den Plan rufen oder die Schulleitung einschalten.

An dieser Stelle wird eine immer drängendere Problematik am Gymnasium deutlich. Frau Lorenz übertreibt ihre Helferrolle sicherlich, versucht aber nur mit der Tatsache fertig zu werden, daß die Zahl der psychisch stark belasteten Kinder auch am Gymnasium zunimmt. Bulimie und Magersucht sind nur zwei von vielen solcher Erscheinungen. Tatsache ist, daß die LehrerInnen, die ja einen oft überzogenen Lehrplan durchbringen müssen und viel zu große Klassen zu betreuen haben, überfordert sind. Die MitschülerInnen als »Helfer« sind es eindeutig auch, wie Ankes Fall zeigt.

Das Problem der psychisch kranken SchülerInnen muß anders gelöst werden!

Warum werden den Klassenlehrern nicht auch am Gymnasium geschulte SozialpädagogInnen oder PsychologInnen zur Seite gestellt, wenn schwierige Kinder eine Klassengemeinschaft belasten? Zahlreiche, viel »ärmere« Länder als die Bundesrepublik stellen finanzielle Mittel für diese Art von Zukunftsmaßnahme zur Verfügung. LehrerInnen und wirkliche »Helfer« arbeiten dann gemeinsam im Unterricht und können so die psychischen Probleme auffangen.

Ein Lösungsversuch, der andernorts praktiziert wird

Machen Sie den Bildungspolitikern in Ihrem Bundesland Dampf und fordern Sie mehr Mittel für die Betreuung der SchülerInnen. Das bestehende System des schulpsychologischen Dienstes ist problematisch (s. Kap. 7: Vorsicht, Schulpsychologe!) und reicht überhaupt nicht aus, um den belasteten Kindern und LehrerInnen zu helfen.

Machen Sie bei den Politikern Druck!

Puddinge an der Wand

Daß sie jung und unerfahren sind, wäre eigentlich naheliegend. Leider gibt es aber viele bedauernswerte LehrerInnen, die niemals eine gefestigte Paukerpersönlichkeit entwickeln. Unterrichtsstil, Einstellung zu den SchülerInnen und pädagogischer Standort folgen einem Zickzackkurs. So probieren die Unsicheren ständig neue Linien zwischen autoritärem Frontalstil und laschem Gewährenlassen aus und verwirren die Jugendlichen, die einfach nicht nachvollziehen können, was so ein Hin- und Hergerissener von ihnen erwartet. Schnell gewinnen die SchülerInnen – ausgestattet mit einem sechsten Sinn für Schwäche – die Oberhand und es geht im Unterricht drunter und drüber. Der Lärmpegel sprengt die vom TÜV angegebene Schmerzgrenze der Phonzahl, Lernen und Leistung geraten zur schönen Nebensache. Die vom Hardlinerunterricht gebeutelten Teenager können bei solchen schwachen Lehr-

LehrerInnen, die immer unsicher bleiben

Die SchülerInnen sind verwirrt

Die heimliche Mission der »Weichen«: Hier können SchülerInnen Dampf ablassen

Wenn die Disziplinlosigkeit zu weit geht, schlagen sie zurück

Eltern müssen eingreifen

kräften ordentlich Dampf ablassen. In diesem Sinne erfüllen solche Lehrkräfte auch eine wichtige Funktion im Schüleralltag. Lange ertragen die »Weichen« allerdings die Wucht der in ihrem Unterricht abreagierten Frustrationen nicht, und so drehen sie gelegentlich durch. Sie realisieren ihre Misere, geloben sich Besserung und »greifen endlich durch« – bis zur nächsten Inkonsequenz. In so einer harten Phase schlagen sie kurz mit Fünfen und Sechsen zu, die die SchülerInnen kalt überraschen, denn sie wähnten sich zuvor im druck- und disziplinfreien Raum.

Es liegt auf der Hand, daß Eltern sich unter diesen Bedingungen auf den Plan gerufen fühlen. Zwei Mißstände zwingen sie zum Handeln:
Eltern sehen weitsichtiger als ihre Kinder die zukünftigen Konsequenzen des chaotischen, disziplinlosen Fachunterrichtes. Sie fühlen, daß die Kinder durch die überraschend harten, oft unbegründeten Rachenoten ungerecht behandelt werden.

Herr Paul hat sogar äußerlich eine puddinghafte Erscheinung. Alles an ihm ist weich und schwabblig. Nicht nur er selbst fragt sich häufig, warum er eigentlich Lehrer geworden ist. Ein typisches Gespräch verläuft etwa so:

Frau Hillmann: Angelika hat eine mündliche Sechs in Englisch bekommen. Sonst steht sie in Englisch glatt drei. Meine Tochter versteht diese Note nicht und hat Angst, daß sie auf dem Zeugnis jetzt eine Vier in Englisch bekommt.
Herr Paul: Ja, das tut mir leid. Ich wußte nicht, daß Angelika diese Note so schwer nimmt. Vielleicht hätte ich ihr doch die Vier geben sollen. Ich war wohl zu streng.
Frau Hillmann: Und die Disziplin bei Ihnen, entschuldigen Sie, daß ich das so offen sage, ist auch ziemlich schlecht. Lernen die Schüler denn überhaupt noch was? Ich sehe Angelika nie Englisch üben oder Englischhausaufgaben machen.
Herr Paul: Ja, sehen Sie, Frau Hillmann, ich komme wirklich nicht mit dieser Klasse zurecht. Die ist so schwierig, also ich weiß nicht, wie ich sie packen soll. Und Hausaufgaben, ich weiß auch nicht, ich stelle sie immer. Wenn die Schüler sie nicht machen, was soll ich dann tun?

Was immer Frau Hillmann vorbringt, Herr Paul gibt ihr recht. Er ist fast rührend, eben wie ein Pudding, den man nicht festnageln kann. Wenn es nicht um die erschreckenden Wissenslücken und um die einreißende Schlamperei in der Klasse ginge, könnte Frau Hillmannn eigentlich Mitleid haben. Aber ihre Rolle als mit Recht besorgte Mutter macht es erforderlich, daß etwas geschieht.

Einen Versuch wert ist folgende Taktik: Wenn Sie den Pudding nicht festnageln können, verpassen Sie ihm einen festen Rahmen, den er einhalten muß. Ohne Mithilfe seiner Vorgesetzten wird es leider nicht abgehen, wenn das Chaos zu groß wird. Verlangen Sie, daß im Unterricht gewisse Essentials eingehalten werden müssen. Die Schulleitung muß sich etwas einfallen lassen und ihre gängigen Mittel wie Unterrichtsbesuche, Hilfestellung bei der Unterrichtsplanung, Fortbildung etc. einsetzen. Als Eltern können Sie durchaus verlangen, daß die folgenden Grundelemente erfüllt werden:

Sie können ihn nicht festnageln? Verpassen Sie ihm einen Rahmen!

Ziehen Sie die Vorgesetzten hinzu!

Der Stoff des Lehrplans muß im großen und ganzen vermittelt werden.
Die Noten müssen begründet werden.
Disziplinlosigkeit muß eingeschränkt werden.
Es muß ein Klima der Leistungsbereitschaft entstehen.
Auch wenn es Ihnen schwerfällt, so einem bemitleidenswerten Softie auf die Füße zu treten, müssen Sie auf der Einhaltung dieser elementaren Bedingungen bestehen.

Vier Essentials, auf denen Sie bestehen müssen

Kooperative, kritikfähige IdeallehrerInnen

Damit Sie sie auch erkennen, wenn Sie ihnen gegenübersitzen, und ihre Qualitäten gebührend würdigen, hier eine Kurzbeschreibung der IdeallehrerInnen:
Sie können wirklich zuhören.
Sie wissen, daß Kritik an Unterrichtsstil und Notengebung nicht die Persönlichkeit in Frage stellt, sondern der Rolle »Lehrer« gilt, und die ist korrigier- und veränderbar.
Sie arbeiten an sich selbst, um mit den Schulproblemen besser umgehen zu können.
Sie machen den Eltern klar, welche Reichweite ihr Eingreifen als LehrerInnen in der Praxis hat, und sagen deutlich, wo sie in ihrer Rolle als Lehrer überfordert sind.
Sie sagen den Eltern auch unangenehme Wahrheiten, wenn sie glauben, daß die Kinder davon profitieren.
Sie vermitteln den Eltern, daß ihr Kind Teil der Klassengemeinschaft ist und nur in Ausnahmefällen eine Sonderbehandlung genießen kann.
Nach dem Gespräch verändert sich wirklich etwas, so daß eine Problemlösung näherkommt.

Acht Punkte, die Ideallehrerinnen ausmachen

Behandeln Sie solche IdeallehrerInnen pfleglich!

Der Elternretter ist ein Ratgeber für Eltern. An dieser Stelle ist die Autorin versucht, den kooperativen IdeallehrerInnen Tips für den Umgang mit den »Päpsten«, Betonköpfen«, Einwicklern und Abwieglern *unter den Eltern* zu vermitteln. Wissen Sie es zu schätzen, wenn Ihr Sohn oder Ihre Tochter so ein Idealexemplar als Pauker vor sich hat und pfeifen Sie lieber allzu forsche Eltern zurück, die ihre unbearbeiteten Schultraumata im Clinch mit solchen netten Zeitgenossen ausleben wollen. Loben Sie gute LehrerInnen stattdessen allerorts, damit immer mehr Lehrkräfte darin bestärkt werden, lernfähig und kooperativ zu sein.

Bestärken Sie sie in ihrem Kurs!

Tips für taktisch kluges Vorgehen entfallen logischerweise. Hier gilt auch das Fazit des »Gymnasiastenretters«: »Wer mit solchen LehrerInnen nicht klarkommt, dem kann auch der Schulprofi nicht mehr helfen.«

Elternsprechtag: Die PR-Maschine läuft auf Hochtouren

Unbedingt hingehen!

»Hingehen oder nicht hingehen« ist die erste Frage.
Wenn Sie zu den maximal 5% aller Eltern von GymnasiastInnen gehören, die nur Einser und Zweier mit nach Hause bringen, positiv auffallen und gut in die Klassengemeinschaft integriert sind, dann können Sie getrost daheim bleiben und dieses Kapitel überschlagen. (Warum lesen Sie überhaupt dieses Buch?)
Für die überwältigende Mehrheit aller Eltern, die von Modellkindern nur träumen können, lautet die Antwort uneingeschränkt »ja«. Der Tag in den Warteschlangen vor den Klassenzimmern ist zermürbend, aber der Einsatz lohnt.

Elternfreundlichere Praxis schaffen!

Leider scheint die Praxis der Elternsprechtage an vielen Schulen noch immer aus der Zeit der sogenannten intakten Normalfamilie zu stammen, wo Mütter uneingeschränkt von Termindruck und Arbeitszeiten für die Schule zur Verfügung standen. Während selbst an den Fleischtheken vieler Supermärkte Nummern ausgegeben werden, um die Wartezeit der Kunden zu verkürzen, sind Elternsprechtage immer noch gekennzeichnet von ineffektiven, zeitraubenden Warteschlangen. Hat ein Kind gar Probleme mit mehreren LehrerInnen, müssen schon beide Elternteile im gut abgesprochenen Warteeinsatz sein, um durchzukommen.

Drängen Sie deshalb durch Ihre ElternvertreterInnen auf bessere Lösungen. In einigen Schulen fungieren OberstufenschülerInnen als »Sprechstundenhilfen«. Sie geben Wartenummern aus, klopfen an die Tür, wenn Gespräche sich allzu sehr in die Länge ziehen, bieten Kaffee an und usw. Eine andere gängige Lösung sind Terminpläne, in die sich die Eltern zu Beginn des Tages eintragen können. Der Phantasie sind keine Grenzen gesetzt. Entscheidend ist: Die mittelalterliche Praxis zu Lasten der berufstätigen Eltern ist wirklich nicht mehr tragbar.

Der Heimvorteil der LehrerInnen

Ein weiterer reformbedürftiger Punkt ist der Gesprächsrahmen, traditionell das Klassenzimmer des jeweiligen Paukers. Dieser Raum ist natürlich für viele Mütter und Väter interessant, denn sie möchten sehen, wo ihr Kind sitzt, wie der Raum gestaltet ist oder ob Arbeiten und Werkstücke ihrer Kinder ausgestellt wurden. Daß die Pauker aber, wie häufig noch zu beobachten, am Pult thronen und die Eltern auf Quintanerstühlchen davor, ist wirklich lächerlich. Gelegentlich bleiben die LehrerInnen auch noch am Pult sitzen und die Besucher müssen den langen Gang durch die Bankreihen auf sie zu gehen. Wer in dieser Situation nicht von alten Schulängsten eingeholt wird, muß schon ein solides Selbstbewußtsein mitbringen. Umgekehrt ist zu fragen, welche Bedrohung von den Eltern wohl ausgeht, wenn die Pauker sich derartige Reviervorteile schaffen müssen.

Vier triftige Gründe fürs Hingehen

»Mein Sohn, meine Tochter hat eigentlich keine großen Probleme. Soll ich mir wirklich einen ganzen kostbaren Urlaubstag nehmen und mir den Elternsprechtag antun?« fragen sich viele berufstätige Eltern. Der Schulprofi meint: unbedingt hingehen! Er nennt vier triftige Gründe, warum Ihr Erscheinen so wichtig ist.

Erstens: Realistische Einschätzung der Lehrerpersönlichkeit

Es ist wichtig, daß Sie sich selbst ein Bild von der Lehrerpersönlichkeit machen, mit der Ihr Sohn oder Ihre Tochter konfrontiert ist. Sie können später die üblichen bitteren Klagen über allerlei Unrecht, Bösartigkeit, Benachteiligung usw. realistischer ein- und abschätzen. Die besondere Perspektive des Kindes wird so durch Ihre eigene Sicht ergänzt oder korrigiert. Nicht nur die pure Neugier auf unbekannte LehrerInnen motiviert Sie hinzugehen, sondern auch der Wunsch nach einer realistischen Einschätzung der Schulwirklichkeit Ihrer Kinder. Wie stark die Lehrkräfte in Ihr Familiengeschehen eingreifen können, wurde bereits im Kapitel »Das vermieste Wochenende« ausgeführt. Also sollten Sie wenigstens wissen, mit wem Sie es zu tun haben. Positiv gesehen üben die Pauker einen nicht zu unterschätzenden Einfluß auf die Einstellungen ihrer SchülerInnen aus. Es ist für Eltern hochinteressant, zum Beispiel festzustellen, wer da hinter dem neuerlichen, brennenden Interesse an Ameisenhaufen, Mülltrennung, der Nazizeit im Heimatort usw. steckt.

Zweitens: PR für das Image Ihres Kindes

GymnasiallehrerInnen haben selten weniger als 25 SchülerInnen in einer Klasse. Ist er oder sie nur Fachlehrer, sieht diese Lehrkraft den einzelnen Schüler im Extremfall nur 45 Minuten pro Woche. Kein Wunder, daß das Bild, das in dieser Zeit über die Schülerpersönlichkeit entsteht, stark von Zufällen und oberflächlichen Eindrücken geprägt ist. Fällt Ihr Kind weder positiv oder negativ auf, bleibt der Eindruck sehr diffus. Gerade bei den mündlichen Noten wird dann die übliche Drei oder Vier für Unauffälligkeit gegeben. Ihr Erscheinen und ein interessantes Gespräch heben Ihr Kind aus dem Schülerimage der Masse hervor. Bewußt oder unbewußt verbindet anschließend der Pauker den Eindruck aus dem Elterngespräch mit seinem Gesamtbild der Schülerpersönlichkeit. Vielleicht erfährt er auch positive, überraschende Fakten über Ihren Sohn oder Ihre Tochter, die er sonst nie wahrgenommen hätte. Es ist für Eltern wirklich wichtig, sich darüber klar zu werden, daß jeder Schüler rein rechnerisch nur ca. eine Minute direkten Kontakt pro Unterrichtsstunde mit dem Unterrichtenden hat. Beim Gespräch mit den Eltern ist mehr Zeit, und die sollten Sie als PR-Instanz geschickt nutzen.

Drittens: Mißverständnisse, wenn Sie nie erscheinen

Eltern, die nie kommen, sind vielen Paukern irgendwie verdächtig. »Warum kümmern sie sich nicht darum, ob ihr Kind in der Schule zurechtkommt?« fragen sich besorgte KlassenlehrerInnen. Oft wird dann der Trugschluß gezogen, daß das Kind zu Hause keinen Rückhalt hat und nicht gefördert wird. Gibt es ernste Leistungs- oder Versetzungsprobleme werden diesen SchülerInnen unbewußt ungünstige Prognosen gestellt.

Ohne die Angst, daß die engagierten Eltern direkt »auf der Matte stehen«, ist es außerdem viel einfacher, zu sieben oder SchülerInnen sitzenzulassen, denn es droht kein lästiger Ärger mit den Eltern. Daß sie nicht kommen, weil sie sich beruflich nicht freimachen können oder prinzipiell der Meinung sind, daß GymnasiastInnen selbständig und allein mit den LehrerInnen zurechtkommen sollten, können die Lehrkräfte ja nicht ahnen.

Es kann sein, daß Ihre Tochter oder Ihr Sohn schulische Probleme zu Hause verschweigt, vielleicht nur um Ihre Nerven zu schonen. Gerade in der Pubertät ist es aber wichtig, daß Sie im Auge behalten, wie Ihr Kind sich in der Gruppe der Gleichaltrigen verhält. Manche Verhaltensauffälligkeiten, früh erkannt, können noch bearbeitet werden. Angesichts der Allgegenwärtigkeit von Alkohol, Drogen und allen möglichen anderen Gefährdungen ist es wichtig, die Augen offen zu halten. Viele erfahrene Pauker haben einen guten Blick für Jugendliche entwickelt, denn sie haben im Verlaufe eines Lehrerdaseins Tausende mehr oder weniger gut kennengelernt, und sie können Vergleiche ziehen. Sie selbst nehmen als Eltern ja nur Ihre eigenen Sprößlinge und deren Clique wahr.

Wenn Sie wirklich keine Zeit haben

Gründe zu kommen gibt es also genug. Haben Sie wirklich keine Zeit oder Lust zu erscheinen und kennen Sie die Pauker aus vorhergehenden Gesprächen schon hinlänglich, ist es geschickt, Ihrer Tochter/Ihrem Sohn am Tag vor dem Elternsprechtag eine kurze Notiz mit etwa folgendem Wortlaut mitzugeben:

»Liebe Frau/lieber Herr XYZ, leider kann ich aus beruflichen Gründen morgen nicht zum Elternsprechtag kommen. Ich wäre Ihnen dankbar, wenn Sie mich kurz informieren, falls besondere Gründe ein Elterngespräch erforderlich machen. Mit freundlichen Grüßen...«

So ersparen Sie sich das ungemütliche Warten. Die LehrerInnen hingegen wissen, daß Sie sich kümmern und mit Ihnen im guten wie im schlechten zu rechnen ist.

Ein Fall besonders erfolgreicher Eltern-PR

Im vorhergehenden Kapitel wurde die Einzeltaktik für die Gesprächsführung mit den jeweiligen Lehrertypen erklärt. Wie Sie ganz allgemein am Elternsprechtag für Ihr Kind PR machen können, zeigt das folgende Beispiel. Es geht um wahrlich beispielhaftes Elternverhalten in einem Fall, wo die Schulprobleme des Kindes fast unüberwindlich schienen. Dennoch hat der »Modellvater« in diesem authentischen Fall es geschafft, daß sein Sohn von den LehrerInnen viel positiver angenommen wurde und schließlich eine erfreuliche Aufwärtsentwicklung durchmachte.

Zugegeben, Gabriels Vater, Herr Zweistein verfügte über ganz besondere Fähigkeiten. Als bekannter Richter genoß er einen großen Vertrauensvorschuß in der Kleinstadt und hatte es gelernt, in Gesprächen zielgerichtet aber verbindlich vorzugehen.
Sein Sohn Gabriel jedoch versagte schon in Klasse fünf auf der ganzen Linie. Er wirkte verstört und unkonzentriert, schaffte keine Klassenarbeit in der vorgegebenen Zeit und machte die Hausaufgaben nur teilweise. Solche Einbrüche schon in der Anfangsphase lassen in der Regel keine optimistischen Prognosen für den Erfolg am Gymnasium zu, und so war es nur logisch, daß fast alle FachlehrerInnen Gabriel für fehl am Platze im Gymnasium hielten. Einzig die Religionslehrerin lobte seine ruhige und tiefschürfende Art. Herrn Zweistein blieb Gabriels Versagen nicht verborgen. Er wußte, daß sein Sohn eine extrem langsame Art und Auffassungsgabe hatte, glaubte aber felsenfest an seine tieferliegende Begabung und wollte ihm (und sich!) unbedingt die Schmach ersparen, an die Real- oder Hauptschule »zurückzugehen«. Seufzend begab er sich daher in eine Runde von Einzelgesprächen mit den wichtigsten Fachlehrern am Elternsprechtag. In dieser aussichtslosen Lage reagieren viele Eltern völlig falsch. Sie können es einfach nicht auf sich sitzen lassen, daß ihr Sprößling dumm, unbegabt oder faul ist und geben den LehrerInnen die Schuld am Schulversagen. »Die Pauker müssen Gabriel mehr fördern, denn sie sind schuld, daß er es nicht schafft«, lautet das unbedachte Gesprächsziel. Anders Herr Zweistein!
Er war klug genug einzusehen, daß Konfrontationen mit Gabriels Fachlehrern für dessen Verbleiben am Gymnasium keineswegs förderlich wären, im Gegenteil, er mußte das Wohlwollen gewinnen. Zusätzlich war ihm bekannt, daß Gabriels LehrerInnen durchaus als kooperativ einzustufen waren, aber, so wußte Herr Zweistein, sie mußten als GymnasiallehrerInnen auch eine Selektionsfunktion ausüben. Er schätzte ihre Rolle also sehr realistisch ein, wollte aber verhindern, daß ausgerechnet sein Sohn durch die Maschen des Siebes fiel.
Herr Zweistein verwarf daher von vornherein alle Taktiken, die darauf abzielten, den Unterricht der Fachlehrer in Frage zu stellen. Vereinfacht lautete seine Formel etwa so: Sie sind der beste Lehrer, nur müssen Sie Gabriel mit anderen Augen sehen lernen und positiver einschätzen.

Sein Gespräch mit Frau Rothenburg, der Deutschlehrerin, verlief so:

Herr Zweistein: Ja wissen Sie, Frau Rothenburg, unser Gabriel ist zu Hause ganz geknickt wegen seiner schlechten Noten. Er weint sehr viel.
Frau Rothenburg: Ja, Gabriel hat Probleme, vor allem in meinem Fach Deutsch. Er schreibt für sein Alter viel zu langsam. Deshalb kommt er in den Diktaten nicht mit, bei den Aufsätzen ist es ähnlich. Außerdem nimmt er auch nicht alles auf, was im Unterricht läuft. Ich würde mich gerne intensiver um ihn kümmern, aber die anderen 29 Schüler sind auch noch da. Insgesamt sind so schlechte Leistungen in Deutsch natürlich eine unglückliche Voraussetzung fürs Gymnasium. Wenn es schon so früh in einem Fach nicht klappt, sieht es ziemlich düster aus.
Herr Zweistein: Ja, das ist sehr schlimm. Dabei macht Deutsch dem Gabriel eigentlich sehr viel Spaß. Sie mag er auch besonders gern. Deshalb ist er so deprimiert, wenn er eine Fünf nach der anderen nach Hause bringt.
Frau Rothenburg: Gabriel ist mir auch besonders sympathisch. (Sie

bemüht sich, auch etwas Positives hervorzuheben, quasi als Gegenleistung für Herrn Zweisteins Kompliment.) Er äußert in Aufsätzen manchmal so ungewöhnlich treffsichere Gedanken. (Ihr fällt ein, daß die Religionslehrerin seine bedächtige Art besonders gelobt hat.) Sicherlich ist er ein Junge, der viel mehr Tiefe hat, als wir ahnen.
Herr Zweistein: Ja, sehen Sie, das ist sein Naturell. Ich muß Ihnen gestehen, ich war als Junge auch so. Meine Lehrerin hat sich immer darüber beklagt, daß ich viel zu langsam war, und das in der Schweiz, verstehen Sie?
Frau Rothenburg (lachend): Ich kann es mir vorstellen!
Herr Zweistein: Und irgendwann hat es dann bei mir gefunkt und die Schule war auf einmal kein Problem mehr. Ich glaube, bei Gabriel wird es genauso gehen.
Frau Rothenburg: Das wäre natürlich schön!
Herr Zweistein: Vielleicht muß ich Ihnen noch etwas erklären. Wir haben zu Hause keinen Fernseher, und Gabriel darf nicht mit diesen Kleincomputern, diesen Gameboys spielen. Wir glauben, daß die Kinder heute viel mehr Ruhe brauchen. Vielleicht ist Gabriel deshalb so bedächtig. Streß war für ihn bisher ein Fremdwort.
Frau Rothenburg: Ja, da stimme ich Ihnen zu. Die Unterhaltungselektronik hat verheerende Wirkungen. Gucken Sie sich die Kinder heute an. Zappelig, unaufmerksam, alles wird ihnen geboten. Wie sollen wir als Lehrer dagegen anunterrichten?
Herr Zweistein: Frau Rothenburg, geben Sie uns bitte einen Rat. Was können wir zu Hause tun, um Gabriel zu unterstützen?

Frau Rothenburg gibt nun gute Ratschläge in Richtung Diktatüben usw. Das wichtigste Ergebnis des Gespräches aber ist: Herr Zweistein hat es geschafft, daß Gabriels Verhalten, seine Schwächen plötzlich als begrüßenswert im Raum stehen. Er hat die Langsamkeit in Bedächtigkeit umgewandelt. Er hat Frau Rothenburg zum Lachen gebracht und seine eigenen Schwächen als großer kleiner Junge zugegeben. Diese menschliche Seite hat Frau Rothenburg stark beeindruckt, ihre Rolle als Lehrerin aufgewertet und sie zur Verbündeten gemacht. Gabriels Schulproblem ist nun ein gemeinsames Anliegen beider Gesprächspartner geworden.
In der Folgezeit nimmt sie Gabriel mit anderen Augen wahr, sieht Positives in der Ruhe, die von ihm ausgeht, findet Tiefschürfendes in seinen Aufsätzen. »Selektive Wahrnehmung« würden Sozialpsychologen dazu sagen. Was nicht dem vorgefaßten Bild entspricht, wird einfach ausgeblendet. Bei Gabriel stechen jetzt die positiven, wünschenswerten Eigenschaften hervor, und seine Schwächen treten in Frau Rothenburgs Wahrnehmung in den Hintergrund. Aus den Fünfen werden Vier minus, zumindest in den Aufsätzen.
Der entscheidende Erfolg liegt darin, daß Gabriel sich von nun an bei Frau Rothenburg besonders gut aufgehoben fühlt, etwas sicherer wird und – auch dank häuslicher Förderung – flotter zu arbeiten lernt. Gabriel ist jetzt in Klasse 10 und hat ein durchschnittliches Zeugnis!

Nicht jeder Vater, nicht jede Mutter kann die besonderen Vorzüge in die Waagschale werfen, die Herrn Zweistein zur Verfügung standen. Der positive Ansatz beim Gespräch über Tochter oder Sohn

Wählen Sie einen positiven Ansatz!

ist aber insgesamt für jeden gangbar. Nehmen Sie die LehrerInnen für sich und Ihren Sprößling ein. Kritisieren sie nicht ihren Unterrichtsstil, wenn der Unterrichtsstil nicht der Anlaß Ihres Besuches ist.

Das Kind mit anderen Augen sehen lernen

Machen Sie ihr Kind, ohne allzu dick aufzutragen, zu etwas Besonderem, indem Sie Fähigkeiten herausstreichen, die die Gesamtwahrnehmung des Sohnes oder der Tochter durch die LehrerInnen positiv beeinflussen.

Wenn Sie selbst an die Talente Ihres Kindes glauben, wird es Ihnen nicht schwerfallen, auch die Pauker davon zu überzeugen, daß sie die SchülerInnen mit anderen Augen sehen lernen.
Unbewußt zieht jeder Lehrer auch Rückschlüsse von den Eltern auf die Kinder. Ein so netter intelligenter Vater kann einfach keinen so unverschämt frechen, faulen oder strohdoofen Sohn haben, vermeldet vielleicht das Unterbewußtsein, wenn es um die Beurteilung geht.

Vorsicht vor groben Schnitzern

Leider haben viele Eltern nicht die magische Fähigkeit, sich in die Lehrerpsyche hineinzuversetzen. Sie machen ungewollt grobe Schnitzer, die ihren Kindern schaden, ja sogar Racheaktionen der LehrerInnen zur Folge haben können.
Was Sie niemals tun sollten:
LehrerInnen außerhalb der vereinbarten Gesprächstermine abpassen. Die Pausen oder Freistunden der Pauker sind meistens so mit Aktivitäten belegt, daß Sie mit Ihrem Auftritt nur »nerven«. Das gleiche gilt für zufällige Treffen außerhalb der Schule. Es gibt LehrerInnen, die prinzipiell nicht am Schulort einkaufen gehen, um ungewollten Elternkontakten zur Unzeit zu entgehen.
Ziehen Sie keine Vergleiche zu anderen FachlehrerInnen. Sätze wie »Gott sei dank, daß Gaby Sie in Englisch hat. Ihr Vorgänger konnte den Kindern doch nichts beibringen«, sollen vielleicht ein Kompliment sein, LehrerInnen hören so etwas aber sehr ungern. Sie sind wachsam genug, den Versuch, LehrerInnen gegeneinander auszuspielen, zu durchschauen.
Umgekehrt ist es noch ungeschickter: »Bei Herrn Maier im letzten Jahr hatte Maja noch eine Eins. Biologie hat ihr damals richtigen Spaß gemacht.« Mit solchen provokanten Äußerungen stoßen Sie den Gesprächspartner nur vor den Kopf. Er/sie fühlt sich abge-

lehnt und wird nun auch Maja gegenüber kühl reagieren. So ist nichts gewonnen. Wenn Maja ihren neuen Biologielehrer nicht mag, brauchen Sie natürlich nicht zu heucheln, daß Maja begeistert ist. Schweigen Sie einfach zu diesem Thema.

Gute PR für Ihre Kinder zu machen, heißt natürlich nicht, LehrerInnen uneingeschränkt Honig um den Bart zu schmieren. Sprechen Sie die Probleme offen aber sachlich an. Fallen Sie aber nicht Ihrem Schultrauma zum Opfer, und führen Sie keine längst verlorenen Stellvertreterkriege mit den LehrerInnen Ihrer Kinder, die Ihrem eigenen Ego nützen, den Söhnen oder Töchtern aber nur schaden.

Führen Sie keine Stellvertreterkriege

Heben Sie sich die großen Auseinandersetzungen um elementare Probleme für den Elternabend auf, der im folgenden Kapitel behandelt wird.

Elternabend: Tips für gelungene Inszenierungen

»Eine total verkrampfte Veranstaltung«, denkt Gerlinde Vogler. Schon seit eineinhalb Stunden sitzen sie und ihr Mann in den engen, viel zu kleinen Schülerbänken der Klasse 7b des Goethe-Gymnasiums und lassen ein Ritual über sich ergehen, das langweiliger nicht sein könnte. Anwesend sind 42 Eltern, die Klassenlehrerin Frau Hufschmitt sowie die Fachlehrer in Deutsch und Mathematik. »Wahlen zur Elternvertretung«, »Vorstellung der Fachlehrer« und »Planung einer Klassenfahrt« stehen auf der Tagesordnung.

Die junge Klassenleiterin ist sichtlich nervös und überförmlich. Jedes Wort, das sie schon bei der Begrüßung äußerte, war wohlüberlegt und lange vorbereitet. Gleich zu Beginn der Veranstaltung meldete sich der Deutschlehrer zu Wort und bat um einen Veränderung der Tagesordnung, damit die anwesenden Fachlehrer früher nach Hause gehen konnten. Es gab keinen Widerspruch.

Nun erfolgte ein wortreicher Vortrag des besagten Fachlehrers: Von »Hinführung zu elementaren Methoden der Textanalyse« war die Rede, von der »Relevanz orthographischer und grammatischer Korrektheit« und »didaktisch begründeter Auswahl der Sachtexte«.

Frau Vogler nahm diese imponierenden Worthülsen wahr, konnte jedoch den roten Faden des Vortrages nicht mitverfolgen. »Ein Lexikon für Pädagogendeutsch wäre nicht schlecht«, ging es ihr durch den Kopf.

»Können Sie das nicht etwas einfacher und verständlicher ausdrücken?« wagte eine mutige Mutter einzuwerfen. Nun setzte der Deutschlehrer erneut an, erklärte alles noch einmal, bemüht, Fachvokabeln wegzulassen. Als er endlich fertig war, fragte die Klassenlehrerin in die Elternrunde: »Hat jemand noch Fragen?«

Eine Mutter meldete sich:
»Brauchen die Kinder für Deutsch eigentlich ein kleines oder ein großes DIN-A-4-Schreibheft?« wollte sie wissen. Der eloquente Deutschlehrer war von der Belanglosigkeit der Frage geschockt. »Natürlich ein großes DIN-A-4-Heft«, entgegnete er schmallippig.
»Hoffentlich meldet sich sonst keiner«, dachte Gerlinde Vogler, »sonst geht der Vortrag endlos weiter.« Offenbar hatten auch die anderen Eltern genug. Der Deutschlehrer verabschiedete sich und der Mathelehrer trat auf.
Sein Vortrag war erfreulich verständlich, kurz und knapp. Er gilt als besonders beliebter Mathelehrer, und Frau Vogler ist froh, daß die Klasse 7b gerade ihn bekommen hat. Auch die SchülerInnen sind begeistert. Es gibt keine Probleme. Nicht jedoch für Herrn Hartwich, der jeden Abend mit seiner Tocher Claudia Mathematik übt. Als Ingenieur fühlt er sich für Mathematik zuständig und verwickelte nun den netten Mathelehrer in eine Fachdiskussion über Lösungswege, die nur er und seine Gesprächspartner verstanden.
Nach zehn Minuten wagte die Klassenlehrerin zaghaft einzugreifen. »Vielleicht können Sie diese Fachdiskussion ein anderes Mal fortsetzen, Herr Hartwich. Wir haben noch eine umfangreiche Tagesordnung.« Herr Hartwich war einverstanden, denn er hatte seinen Auftritt gehabt und zog sich zufrieden zurück. So vergingen die ersten 90 Minuten.
Anschließend ist die Klassenlehrerin selbst an der Reihe mit einem Bericht über die Situation der Klasse. Angestrengt liest sie die wichtigsten Punkte von einem Zettel ab. »Sehr bemüht«, denkt Frau Vogler, »sie sollte etwas gelassener werden.« Am Ende ihres Vortrages kommt es zu einer Aussprache. Eine Mutter beklagt sich, daß bei ihrem Sohn ständig teure Schulutensilien zu Bruch gehen oder verschwinden. Die Klassenlehrerin solle etwas unternehmen. Jetzt steuern auch andere Eltern Klagen bei, die von Rissen im Anorak über zerbrochene Lineale bis hin zu verschwundenen 60 DM teuren Gameboy-Disketten reichen. Die Klassenlehrerin ist bestürzt und verspricht, »die Gewalt gegen Sachen« in der Klasse zum Thema zu machen.
Frau Vogler, die noch zwei ältere Töchter am Gymnasium hat, weiß, daß dieses Pubertätsthema so alt wie die Menschheit ist. Gelöst hat es noch niemand. Es vergehen weitere 40 Minuten, bis endlich die Wahl zur Elternvertretung in Angriff genommen wird.
»Ich bitte um Vorschläge!« sagt Frau Hufschmitt. Frau Vogler hätte Lust, dieses Amt zu übernehmen, denn am Goethe-Gymnasium müßte von Elternseite tüchtig Dampf gemacht werden, aber niemand schlägt sie vor. An der Tafel stehen schließlich vier Namen. Frau Vogler ahnt schon, wer den Zuschlag als Elternsprecher bekommt: Herr Kirwald, der selbst Lehrer an einer anderen Schule ist. Die Eltern glauben, daß er als Experte am besten geeignet ist, um ihre Interessen zu vertreten. Er wird tatsächlich mit großer Mehrheit gewählt. Stellvertreterin ist Frau Hartwich.
Mehr als zwei Stunden sind schon vergangen und die Konzentrationsfähigkeit aller Beteiligten läßt spürbar nach. Auch Frau Hufschmitt wirkt erschöpft. Aber es steht ja noch ein wichtiges Thema an: die Klassenfahrt. Die bisherigen Angebote erscheinen Frau Vogler viel zu teuer. Aber da meldet sich schon Herr Kirwald und schlägt vor, angesichts der vorgerückten Stunde das Thema auf den nächsten Elternabend zu vertagen, denn es bestehe kein dringender Handlungsbedarf. Keiner wagt zu widersprechen.

»Wozu habe ich eigentlich meine kostbare Zeit hier abgesessen«, fragt sich Frau Vogler allen Ernstes, »und dafür meinen Volleyballabend sausen lassen?«
Die beiden wirklichen Problemlehrer, die viel zu lasche Biologielehrerin und ihr chaotischer Musikkollege waren gar nicht anwesend. Mit Herrn Kirwald als Elternsprecher war auch nicht viel gewonnen. Das wichtige Thema, die zu teure Klassenfahrt, kam gar nicht mehr zur Sprache. Frau Voglers Fazit lautet: »Ein vertaner Abend.«

Sechs Gründe für mißlungene Elternabende

Wie Frau Vogler ergeht es vielen Eltern. Sie erleben Elternabende als verkrampft und frustrierend. Ursache für diese Misere sind sechs Gründe:
— ungeschickte Wahl des Veranstaltungsortes;
— schlechte Planung der Tagesordnung ohne ausreichende Mitwirkung der Eltern;
— zuviel formale Abläufe, zuwenig wirklich wichtige Themen;
— Abwesenheit interessanter oder problematischer LehrerInnen;
— Profilierung weniger, geltungsbedürftiger Eltern, zu große schweigende Mehrheiten;
— Wahl wenig geeigneter Elternvertreter.

Wie es besser zu machen ist, wenn Elternversammlungen nur geschickter inszeniert werden, zeigt der Schulprofi im folgenden auf.

Finden Sie einen neutralen Tagungsort

Schluß mit dem Heimvorteil der Pauker!
Suchen Sie sich einen neutralen Tagungsort, wo die Eltern nicht schon durch die Sitzordnung an ihre alten Schulängste erinnert werden. Wenn eine Kneipe, wie viele GymnasiallehrerInnen meinen, der Bedeutung des Elternabends nicht gerecht wird, dann sollte zumindest ein neutraler Versammlungsraum im Schulgebäude gefunden werden, in dem eine Atmosphäre des runden Tisches erzeugt wird. Solch eine Konferenzstimmung verhindert eher das althergebrachte Dozieren vom Pult aus. Es ist zu hoffen, daß in einer derart gleichberechtigten Runde endlich auch die Eltern mitreden, die sich nicht nur profilieren, sondern echte Anliegen im Interesse ihrer Söhne oder Töchter vorbringen wollen.

Die Eltern gestalten die Tagesordnung

Die Gestaltung der Tagesordnung ist eigentlich Elternsache. Wenn Sie die einschlägigen Regelungen zur Elternmitbestimmung in Ihrem jeweiligen Bundesland genau studieren, werden Sie feststellen, daß Eltern sowohl über die Themen als auch über Zeitpunkt und Ort mitbestimmen können. (Diese Bestimmungen können Sie bei den SchulelternspecherInnen einsehen oder beim jeweiligen Kultusminister Ihres Landes bestellen.)

LehrerInnen müssen anwesend sein

Möchten Sie, daß bestimmte Fachlehrer am Elternabend zur Verfügung stehen, so haben diese laut Dienstrecht auch zu erscheinen, dasselbe gilt für die Schulleitung.
Gute ElternsprecherInnen telefonieren vorab mit verschiedenen Eltern oder geben Zettel an die SchülerInnen aus, auf denen die Eltern Wünsche zu Themen äußern können. In Absprache mit dem Klassenlehrer werden dann die Tagesordnung festgelegt und Einladungen an Eltern, LehrerInnen und Schulleitung verteilt.

LehrerInnen als Elternvertreter?

Was Eltern eigentlich im Sinn haben, wenn sie ständig ausgerechnet LehrerInnen zu Elternsprechern wählen, bleibt ein Mysterium. Allenfalls können persönliche Beziehungen der LehrerInnen untereinander eingesetzt werden, wenn es um Problemlösungen geht. Allgemein haben Eltern, die auch LehrerInnen sind, aber einfach zuviel Verständnis für die Nöte der Pauker und werden ihnen viel mehr nachsehen als berufsfremde Vertreter. Daß die Interessen von LehrerInnen und Eltern nur teilweise deckungsgleich sind, wurde im Kapitel »Grundsätzlich verschiedene Interessen von Eltern und LehrerInnen« dargelegt. Elternvertreter sollten daher möglichst unbefangen sein.

Bei den Wahlen: »Kungeln« im Vorfeld

Wenn Sie selbst wie Frau Vogler Interesse am Amt eines Elternvertreters haben, müssen Sie vorher wie bei allen Wahlveranstaltungen ein bißchen »kungeln«. Vor dem Elternabend müssen Sie sich mit anderen Eltern absprechen, die Sie vorschlagen und für Sie sprechen. Dies ist um so wichtiger, wenn Klassen neu zusammengesetzt werden und die Eltern sich noch nicht kennen. Überlassen Sie solche Wahlen nicht dem Zufall, denn gute, engagierte ElternsprecherInnen sind vonnöten, wenn es zum Beispiel Probleme mit untragbaren Paukern gibt, Klassen geteilt oder zusammengelegt oder beliebte LehrerInnen versetzt werden sollen, neue Unterrichtsformen und Projekte erprobt werden und vieles mehr.

Ein Beispiel für geschickte Inszenierung

Wie ein Elternabend geschickt inszeniert werden kann, bei dem es um tiefgreifende pädagogische Mißstände geht, zeigt das Beispiel »Pitz« am Hermann-Kant-Gymnasium in L.

Elternsprecherin der Klasse 9c ist Frau Tillmanns. Als selbständige Reisekauffrau hat sie gelernt, mit schwierigen Klienten umzugehen, ohne das Verhandlungsziel aus den Augen zu verlieren. Der Fall »Pitz« verlangt tatsächlich ihr ganzes Fingerspitzengefühl. Der Französisch- und Geschichtslehrer Pitz ist ein harter Brocken für die Kinder und die Eltern der 9c. Ungerechte, willkürliche Benotung, haarsträubende fachliche Mängel und eine widersprüchliche, schwierige Persönlichkeit machen ihn zu einer kaum zumutbaren Belastung. Das Hermann-Kant-Gymnasium ist schon seine dritte Dienststelle.

Frau Tillmanns weiß, daß jede Klasse einmal einen schwierigen Pauker verkraften muß, aber Pitz ist in der 9c mit zwei Fächern eingesetzt. Dieser Mißgriff des Schulleiters hat fatale Konsequenzen: Vergibt Pitz in beiden Fächern überharte unbegründete Noten an eine Schülerin oder einen Schüler, so ist gleich die Versetzung gefährdet, es sei denn, andere Fächer sorgen für Ausgleich. Wer also mit Pitz nicht zurechtkommt, lebt mit einer schweren Hypothek.

Einzelne Eltern, auch Frau Tillmanns, haben sich schon in Einzelgesprächen die Zähne an Pitz ausgebissen. Als Typ »Abwiegler« war jedoch nicht an ihn heranzukommen. Bei beiden vorhergehenden Elternabenden glänzte Pitz trotz Einladung durch Abwesenheit. Jetzt war das Maß voll. Frau Tillmanns bekam fast täglich Beschwerden von betroffenen Eltern der Klasse. Zudem kam bei einem vertraulichen Gespräch mit der Klassenlehrerin, Frau Witsch-Heuer, heraus, daß auch die Kollegen froh wären, wenn von Elternseite mehr Druck gegen Herrn Pitzens fragwürdige Methoden gemacht würde. Als Lehrerin hat Frau Witsch-Heuer Probleme, Pitz offen anzugreifen, aber auch sie ist genervt von den ewigen Beschwerden, die bei ihr einliefen.

Wie bei fast allen Veranstaltungen laufen die wichtigsten Dinge im Vorfeld ab. So umfaßte Frau Tillmanns Telefonliste zwölf ihr bekannte, aktive Eltern. Sie sprach mit ihnen das Vorgehen in groben Zügen ab. Wichtig war vor allem auch die solidarische Rückendeckung durch diejenigen Eltern, deren Kinder keine Notenprobleme bei Pitz haben. Sonst könnte es beim Elternabend leicht passieren, daß Ahnungslose, deren Kinder zu Hause nicht viel preisgeben, äußern: »Das ist doch alles nicht so schlimm« und einen Beschwichtigungskurs fahren.

Den Schulleiter bat sie, Pitz für den Elternabend ausdrücklich dienstzuverpflichten. Nun konnte er sich nicht mehr entziehen. Als Tagungsort wählte Frau Tillmanns in Absprache mit dem Schulleiter einen großen Medienraum der Oberstufe, wo die Tische zu einer Runde zusammengestellt werden konnten. Auf der Tagesordnung erschien das heikle Thema »Pitz« direkt nach der Begrüßung, damit alle Energie und Aufmerksamkeit in die Lösung dieses Problems eingehen konnte.

Frau Tillmanns hatte für die Einleitung einen kleinen Vortrag ausgearbeitet, in dem sie alle Beschwerden zusammenfaßt, mit genauer Datierung der Vorkommnisse. Sie geht so gleich in medias res, informiert die Eltern sachlich und umfassend und behält so das Heft in der Hand.

»Herr Pitz, zwei Elternabende zum Thema Französisch und Geschichtsunterricht in der 9c sind ohne Ihre Anwesenheit vergangen. Wir haben den Eindruck, daß Sie sich endlich unserer berechtigten Kritik stellen sollten.«
Abwiegler Pitz hat nun Gelegenheit zur Stellungnahme. Seine Einsichtsfähigkeit geht dabei gegen null. Er hat scheinbar gar nichts begriffen.
Nun folgt ein geschickter Schachzug von Frau Tillmanns. Bevor sie die

anderen Eltern auf Pitz losläßt, fordert sie den Schulleiter zur Stellungnahme auf. Er muß jetzt bekennen und zu den eindeutig belegten Dienstversäumnissen seines Untergebenen Stellung nehmen. »Was wollen Sie konkret unternehmen?« hakt eine kluge Mutter nach, als der Schulleiter allzu sehr in die Breite der Entschuldigungsgründe geht. Den Schulleiter zu einer Stellungnahme zu zwingen, bevor die Aussprache mit den Eltern beginnt, ist deshalb klug, weil es leider immer wieder Eltern gibt, die aus den bekannten Gründen (Schultrauma) laut und unsachlich werden. Für den Problemlehrer und den Schulleiter würden so herrliche Vorwände geschaffen, den Elternprotest als »überzogen« und »sachlich unbegründet« abzutun. Erst nachdem der Schulleiter wirkliche Abhilfe versprochen hat, können die anderen Eltern Dampf ablassen.

Am Schluß des Tagungsordnungspunktes setzt Frau Tillmanns eine Frist. Sie verlangt, daß Pitz zum Ende des ersten Schulhalbjahres in zumindest einem Fach abgelöst wird. Unverhohlen hält sie sich sonst Schritte in Richtung Dienstaufsichtsbeschwerde vor. Von den anderen Eltern erhält sie uneingeschränkte Zustimmung.

Der Schulleiter geht mit zwiespältigen Gefühlen nach Hause. Einerseits ist er froh, daß die geschlossenen Elternschaft ihm Schützenhilfe gegenüber Pitz gegeben hat. Pitzens Personalakte füllt sich so mit Beschwerden und der Schulleiter hat bald genug Munition beisammen, um Pitz »abzuschießen«, das heißt an eine andere Schule loszuwerden. Andererseits muß er jetzt Pitz in die Mangel nehmen, eine unangenehme Pflicht.

Er findet eine elegante Lösung: Zwei Kolleginnen der Schule beginnen im Februar einen Schwangerschaftsurlaub, und er muß den Einsatzplan der LehrerInnen ohnehin umstellen. »Ganz zufällig« ergibt sich so, daß Pitz in Französisch aus der 9c abgezogen und einer anderen Klasse zugeteilt wird. Daß er im Vorfeld dieser Umstellung noch einen Anruf von Frau Tillmanns bekommen hat, die ihm mitteilte, daß verschiedene Eltern ihre Kinder abmelden wollten, wenn Pitz in zwei Fächern bliebe, hat auch etwas mit seiner Entscheidung zu tun.

Die Alternative: Elternabend in der Kneipe

Glücklicherweise sind derart massive Probleme wie im Fall Pitz eher die Seltenheit. Ansonsten wiederholen sich bei allen Elternabenden ewige Dauerbrennerthemen wie das pubertäre Verhalten gegenüber den Schulutensilien usw. Läuft die Zusammenarbeit von Eltern und LehrerInnen im großen und ganzen gut, ist es ratsam, den Elternabend gelegentlich in einer Kneipe stattfinden zu lassen. Frontales Dozieren verbietet sich von selbst, und nach dem offiziellen Teil werden in kleiner Runde oft die wirklichen Anliegen beider Seiten auf den Tisch gebracht. Viele Eltern und LehrerInnen finden so einen Kneipenabend fruchtbarer und interessanter als die starren Abläufe des althergebrachten Elternabends.

Neutrale Experten einladen

Gibt es in der Klasse Ihres Sohnes oder Ihrer Tochter schwierige Probleme für alle Seiten, zum Beispiel Anzeichen von Drogenmißbrauch, ist es ratsam, einen Dritten, einen Experten einzuladen, der auch als neutraler Gesprächsleiter fungieren kann. Solche themenbezogenen Elternabende vermitteln eher das Gefühl, einen sinnvollen Abend im Interesse der Kinder gestaltet und nicht nur abgesessen zu haben. Solche Experten vermitteln die Gesundheits-, oder Sozialämter und die staatlichen, kirchlichen und freien Sozialdienste. In einigen Bundesländern gibt es pädagogische Zentren, die Referenten stellen. Oft finden sich unter den Eltern geschulte Experten, die zu einem Thema referieren können und so die alte Rollenverteilung der Veranstaltung aufbrechen.

Von Zeit zu Zeit ist es interessant, die SchülerInnen selbst am Elternabend teilnehmen zu lassen, zum Beispiel bei der Planung von Klassenfahrten. Vielen Eltern werden bei solchen Abenden die Augen über das Verhalten ihrer lieben Kleinen geöffnet. Sie dürfen erleben, wie schwer es ist, so eine Meute überhaupt zum ruhigen Zuhören zu bewegen. Erstmalig können sie sich in die Haut der LehrerInnen versetzen und deren Berufsalltag nachvollziehen.
Inhaltlich sind solche Abende aber oft nicht sehr ergiebig, denn Sie müssen natürlich einkalkulieren, daß sich bis zu 80 Teilnehmer bei dieser Veranstaltung ergeben. Je nach Thema ist so ein gemeinsamer Abend aber immer ein lohnendes Experiment.

Ein interessantes Experiment: die SchülerInnen sind dabei

4. Wenn ein Pauker untragbar wird...

Wenn Gespräche nichts mehr nützen...

Härtefälle, die nicht mehr tragbar sind

Schulleiter geben es nicht gerne zu: An jeder Schule tummeln sich mindestens zwei Härtefälle, Pädagogen, die den Anforderungen einer Schule einfach nicht gewachsen sind. Die Gründe für das Schulversagen von LehrerInnen sind nicht auf einen gemeinsamen Nenner zu bringen. Sehr häufig spielen Alkoholprobleme eine Rolle, aber auch Persönlichkeitsstörungen oder verschiedene psychische Krankheiten. Angesichts der Akademikerschwemme in den 60er und 70er Jahren hatten viele Universitätsabsolventen keine andere Wahl, als irgendwie zu versuchen, in den Schuldienst zu gelangen. Dabei fand hier so mancher Unterschlupf, der niemals diese Laufbahn hätte einschlagen dürfen. Solche Lehrer wider Willen sind eigentlich tragische Figuren, die unser Mitleid verdient hätten, richteten sie nicht so verheerende Schäden unter den SchülerInnen an.

Um Mißverständnissen vorzubeugen: Konflikte zwischen SchülerInnen, LehrerInnen und Eltern sind unvermeidbar. Nicht alle SchülerInnen können *alle* Pauker toll finden; und oft wird erst sehr viel später klar, daß ein Lehrer, der auch unliebsame Maßnahmen ergreift und gelegentlich auf Konfrontationskurs geht, für die Entwicklung der Kinder wichtiger ist als ein pflegeleichter Lehrertyp, der aalglatt allen Konflikten aus dem Wege geht. Hier soll es nur um echte ProblemlehrerInnen gehen, die wirklich nicht mehr zumutbar sind und nachweislichen Schaden anrichten.

Versager im Schuldienst verursachen allen Beteiligten Kopfschmerzen: Sie kommen mit den Kindern nicht zurecht und haben entweder das perfekte Chaos im Klassenzimmer oder terrorisieren die Kleinen mit diktatorischer Härte. Die Eltern müssen sich die Leidensgeschichten ihrer Kinder anhören und versuchen einzugreifen.

Die Schäden, die ProblemlehrerInnen anrichten

Oft verschlimmern *planlose* Elternproteste die Sache noch, denn die betroffenen Versager fühlen sich nun in die Ecke gedrängt und reagieren panisch. Die Kinder müssen das in Form von unzumutbaren Hausaufgaben, Strafarbeiten oder knallharten Tests ausbaden. Das Fehlverhalten der uneinsichtigen ProblemlehrerInnen ändert sich dadurch nicht.

Die Schulleitungen stehen vor einem Dilemma. Sie haben einerseits eine beamtenrechtliche Fürsorgepflicht gegenüber ihrem Personal und müssen die ProblemlehrerInnen in Schutz nehmen, auf der anderen Seite jedoch muß ordnungsgemäßer Unterricht gewährleistet und der Ärger mit den Eltern abgewendet werden. Schließlich sitzt den Chefs auch noch die Schulaufsicht im Genick, die, durch die Elternproteste aufgeschreckt, für Ordnung sorgen muß.

Das Dilemma der Schulleitungen

Auch die LehrerkollegInnen stehen vor einem schwierigen Konflikt. Sie wollen gegenüber einem bedauernswerten Versager nicht unkollegial sein und versuchen, ihn irgendwie mitzutragen. Oft knirschen sie insgeheim mit den Zähnen, wenn so ein Härtefall wieder Mist gebaut hat. Sie ärgern sich, daß er für die miserable Arbeit, die er leistet, dasselbe Geld auf dem Gehaltskonto einstreicht wie sie selbst. Wer einmal als KlassenlehrerIn so einen Problemfall in seiner Klasse als unterrichtenden Kollegen hatte, weiß ein Lied von den endlosen Elterntelefonaten am Nachmittag und Abend und von den »ätzenden« Konfrontationen beim Elternabend zu singen.

Zwischen Solidarität und Ablehnung: die KollegInnen

Die SchülerInnen schließlich sind die Hauptleidtragenden. Lernen sie nichts, weil der Unterricht miserabel ist, haben sie im nächsten Jahr oder bei einem Schulwechsel enorme Anschlußprobleme und die Noten fallen ab. Hassen sie die LehrerInnen, verlieren sie jede Motivation für das Fach. Werden sie von Rächertypen fertigge-

Hauptleidtragende: die SchülerInnen

macht, nehmen sie ein massives Schultrauma mit nach Hause, das sie u. U. lebenslänglich mit sich herumschleppen.

»Flaschenpost«

So schaukeln sich die Konflikte auf, werden beschwichtigend verschleppt und verschleppt, bis schließlich der Problemlehrer an eine andere Schule versetzt wird. Diese sogenannte »Flaschenpost« wird dann von Schule zu Schule weitergereicht, verursacht überall Probleme, bis sie schließlich ein vertretbares Pensionsalter erreicht und gnädig »wegpensioniert« wird. Verkorkste Klassen und angeknackste Schülerseelen pflasterten ihren Weg!

Leistungsbeurteilungen ohne Konsequenzen

Obwohl sie die gesamte Lehrerschaft in der Öffentlichkeit in Mißkredit bringen, hat niemand den Mut, »Flaschen« rechtzeitig aus dem Dienst zu entfernen und durch kompetente, aber bisher arbeitslose JunglehrerInnen zu ersetzen. Tatsächlich redet ja niemand über die vielen tausend Könner unter den Pädagogen. Thema der Elterngespräche sind fast immer die Troublemaker, und sie prägen das Gesamtbild.

Insgeheim wünschen sich viele KollegInnen, daß härter durchgegriffen wird. Warum es selten oder zu spät geschieht, hat seinen Grund im schwer zu durchschauenden, erstarrten Beamtensystem. Auch wenn es manche Nicht-Beamte erstaunt: Es gibt eine Leistungsbeurteilung für LehrerInnen – allerdings zieht sie keine tiefgreifenden Konsequenzen nach sich. Das Spitzenpersonal darf auf Beförderung zum Oberstudienrat oder gar zum Studiendirektor hoffen. Für die Schlußlichter in der Leistungsbeurteilung bleibt lediglich alles beim alten.

Die Leistungsbeurteilungen selbst sind häufig in sich fragwürdig. Hier wird vor allem die Erfüllung der dienstlichen Pflichten bewertet und erst in zweiter Linie der Umgang mit den Kindern. Sehr beliebte LehrerInnen, die sich als Verwaltungsbeamte mit Listenführung und ähnlich trostlosen Dienstpflichten schwertun, werden daher häufig viel negativer bewertet, als Eltern es sich vorstellen.

Warum sie nicht einfach den Dienst quittieren

»Warum werden schlechte LehrerInnen nicht einfach auf irgendwelche Verwaltungstätigkeiten umgestellt, wo sie keinen großen Schaden anrichten können?« ist eine häufige Frage gefrusteter Eltern.

Die Antwort ist simpel: Es gibt diese Stellen nicht! GymnasiallehrerInnen sind Beamte des höheren Dienstes und können nicht ohne weiteres in Tätigkeiten eingesetzt werden, die von Beamten des gehobenen oder des mittleren Dienstes verrichtet werden. Dazu gehören zum Beispiel unschädliche Tätigkeiten als Archivar oder als Bibliothekar. Eine Rückstufung von Beamten ist daher nur in krassen Ausnahmefällen vorstellbar.

»Warum suchen sich diese tragischen Gestalten dann nicht einen anderen Job?« lautet üblicherweise die Anschlußfrage. Tatsächlich schaffen es einige, dem ungeliebten Schuljob zu entfliehen und eine geeignetere Tätigkeit anzunehmen. Für Naturwissenschaftler zum Beispiel sind Möglichkeiten vorhanden. Die unzähligen philologisch das heißt geisteswissenschaftlich ausgebildeten Pädagogen haben schlechte Karten. Deutsch und Geschichte sind nicht gerade überzeugende Voraussetzungen für eine Tätigkeit in der freien Wirtschaft. Jobs in der Erwachsenenbildung, an Akademien und in der Forschung wurden frühzeitig von topqualifizierten, aber chancenlosen Referendaren besetzt, die keine Aussicht auf eine Stelle im Schuldienst bekamen. Das angemessene und sichere Gymnasiallehrergehalt ist auf Anhieb als Jobneuling in der Wirtschaft auch nur sehr schwer zu erzielen. Alle Gründe führen zur häufigsten »Lösung«: Weitermachen und bis zur Pensionierung irgendwie überleben.

Stärker leistungsorientierte SchulleiterInnen und Schulaufsichtsbeamte greifen in jüngster Zeit tatsächlich härter durch. Gehaltskürzungen aufgrund von »dienstlichen Versäumnissen« und auch Zwangspensionierungen nehmen zu. Häufig haben clevere Eltern einen großen Anteil, wenn sie den Durchblick haben. Worauf es ankommt, damit Elternproteste Erfolg haben, und welches Vorgehen umgekehrt nur sinnlos und nervenaufreibend ist, zeigt das Fallbeispiel des nächsten Abschnittes.

Eltern und Schulleitung greifen endlich durch!

Fallbeispiel: Frau Schmitz-Gebhardt, der »Gepard«

Ein oberflächlicher Blick in Frau Schmitz-Gebhardts Personalakte ließ eine Super-Studienrätin vermuten: Einser-Staatsexamen in Mathematik und Physik, zusätzlich erworbene Unterrichtsqualifikation für Erdkunde, spezielle freiwillige Kurse in Lernpsychologie sowie Gesprächstraining. Die Liste der Fortbildungsveranstaltungen machte deutlich, daß Frau Schmitz-Gebhardt nichts ausgelassen hatte, um sich fachlich und pädagogisch optimal zu trimmen.

Als sie nach elf Jahren Berufspraxis zum zweiten Mal versetzt wird, eilt ihr jedoch ein katastrophaler Ruf voraus: »Oh, nein, die Schmitz-Gebhardt, mit der kommt keiner zurecht! Wer die in Mathe hat, kann das Fach gleich vergessen.«

Bei der Schulleitung lobt man ihr hohes fachliches Wissen, schweigt jedoch betreten über das, was Personalchefs in der Wirtschaft heute »soziale Kompetenz« nennen.

Sehen wir uns den Verlauf einer typischen Stunde bei Frau Schmitz-Gebhardt an:

Nachmittags zuvor hat sie viel Zeit und Mühe eingesetzt, und alle nur erdenklichen Medien, Texte und sonstige motivierende Gags zusammengesucht, um den Kindern die »Förderweise und die tektonische Anlage des chilenischen Kupferbergbaus« nahezubringen. Schon zu Beginn des Schulhalbjahres hatte sie den Elternsprecher der Klasse, Herrn Kleinert, zu Hause aufgesucht, um ihm zu erklären, warum der »Kupferabbau in Chile« unbedingt vor dem »Monsun in Indien« drankommen mußte. Herr Kleinert hatte über diese lebenswichtige Reihenfolge, die Frau Schmitz-Gebhardt ihm ungefähr 40 Minuten lang erklärt hatte, noch nie nachgedacht und stimmte zu. In einem Wort: die Stunde war optimal vorbereitet. Es mußte einfach klappen!

»Der Gepard kommt!« hallte es durch den Flur der Sekundarstufe I des Heinrich-Böll-Gymnasiums in Z. Die SchülerInnen rissen in gespielter Angst die Augen weit auf. Frau Schmitz-Gebhardt ging tatsächlich besonders forschen Schrittes, wobei sie das Kinn energisch vorschob und zwei ausgeprägte Eckzähne hervortraten. In der Lehrerausbildung hatte sie gelernt, daß ein freundliches Lächeln Wunder wirkt, und so knipste sie es an, bevor sie der tobenden Klasse mutig entgegentrat und den Raum aufschloß.

Es dauerte sehr lange, bevor es ruhig wurde. Frau Schmitz-Gebhardt versuchte einen Trick. Sie setzte sich betont desinteressiert ans Pult und wartete, ihr freundliches Raubtierlächeln beibehaltend, auf die letzten Schüler, die noch in ihrer Tasche kramten.

Da sie keine Anstalten machte, den Unterricht zu beginnen, waren die SchülerInnen verunsichert und der Lärmpegel stieg bedrohlich an, verebbte schließlich, und dann wurde es ganz ruhig. »Seht ihr,« sagte Frau Schmitz-Gebhardt, »Ihr könnt doch leise sein, wenn ihr es wollt. Vor allem du Stefan, du bist ein sehr chaotischer Schüler. Bitte komm nach der sechsten Stunde zu mir ins Lehrerzimmer.« Ein scheinbar gelungener Trick aus der Pädagogenkiste, nur schlug der Unmut der SchülerInnen jetzt erneut in Lärm um.

»Was sollte diese Einlage?« fragten sie sich. Jetzt riß der Pädagogin endgültig der Geduldsfaden und sie schrie erregt los:

»Diese Klasse ist ein Alptraum. So etwas habe ich noch nie erlebt. Wir müssen uns ernsthaft über Formen des Umgangs miteinander unterhalten.« Die Schüler grinsten sich vielsagend an, hatten aber keine Lust auf ein erneutes Psychogespräch, wie sie es nannten, denn die Schuld an den mißratenen Stunden wurde immer nur in ihrem Schülerverhalten gesucht.

Inzwischen waren zwölf Minuten vergangen. Endlich packte Frau Schmitz-Gebhardt ihre Medien aus und motivierte die Klasse 8a für den chilenischen Kupferbergbau. Der Lärmpegel blieb erträglich. Sobald sie sich jedoch umdrehte, wurden Schlachten mit Papierkügelchen ausgetragen, Bänke bemalt und Zettelchen hin- und hergeschoben. Sechs Minuten vor dem Pausenzeichen war die Pädagogin erst zur Hälfte mit dem geplanten Stoff »durch« und mußte umdisponieren. Einfach abbrechen war nicht möglich, denn sie hatte den Test über den »chilenischen Kupferbergbau« für die nächste Stunde schon fertig abgezogen.

Sie begann, den Rest des Stoffes einfach zu diktieren, was für ein Drittel der SchülerInnen zu schnell war. Ständig fielen Begriffe, die keiner verstand. Sie überzog die Pause um sieben Minuten. Alle SchülerInnen waren sauer, der Klassensprecher protestierte laut. Frau Schmitz-Gebhardt, die trainierte Konfliktpsychologin, ließ sich auf dieses Gespräch ein. Es überdauerte die Pause um acht Minuten, wodurch Frau Schmitz-Gebhardt natürlich zu spät in die nächste Unterrichtsstunde kam. Die Klasse 9b war inzwischen so aufgedreht, daß keine ruhige Unterrichtsatmosphäre mehr möglich war. Frau Schmitz-Gebhardt kreischte, diskutierte und kündigte dann einen knallharten Hausaufgabentest für morgen an, über sechs Seiten unbekannten Stoffes. Ohne es sich einzugestehen, rächte sich »der Gepard« gerne mit superschweren Tests und Klassenarbeiten. Hier forderte sie Fachwissen ein, das sie zuvor leider nicht vermitteln konnte.
So oder ähnlich verlief jeder ihrer Schultage.

Nach der 6. Stunde versuchte sie noch, Stefan, den Chaoten, zu therapieren. 45 Minuten Zeit nahm sie sich dafür. Inzwischen war Stefans Mutter schon zur Schule gefahren, um ihn zu suchen. Sie glaubte bereits an Entführung oder Unfall auf dem Nachhauseweg.
Als sie ihren Sohn dann bei Frau Schmitz-Gebhardt fand, wurde die Mutter frech, und statt für die kostenlose Therapie dankbar zu sein, sagte sie Frau Schmitz-Gebhardt die Meinung. Weinend brach diese auf der Damentoilette zusammen. Sie hatte doch alles richtig gemacht!
»Vielleicht muß ich mich noch besser vorbereiten und das Gespräch mit der Klasse suchen«, dachte sie.

Der Klassenlehrer der 8a, Herr Landau, hatte am Nachmittag das zweifelhafte Vergnügen, sich die Elternproteste am Telefon anzuhören:
»Hans-Georg hat Angst vor Frau Schmitz-Gebhardt. Das Diktat war viel zu schwer. Morgen kriegt er sicher wieder eine Sechs im Test, weil er den Stoff nicht verstanden hat. Die vermasselt ihm den ganzen Spaß an Erdkunde. Letztes Jahr bei Herrn Baumgärtner war es noch sein Lieblingsfach.« Der Klassenleiter beschwichtigte wie immer, versprach, mit der Problemlehrerin zu reden und wußte dabei genau, daß es keinen Zweck hatte. Sie würde ihn nur stundenlang mit Rechtfertigungen »zuquatschen« und am nächsten Tag die selben Fehler machen. Insgeheim dachte er: »Hoffentlich werde ich die bald los. Die Eltern müßten mehr Druck bei der Schulleitung machen. Ich als Kollege will sie nicht anschwärzen.«
Er hatte schon erfahren, daß es an Frau Gebhardts vorheriger Stelle am Heinrich-Hertz-Gymnasium genauso abgelaufen war. Lernte sie denn nie dazu? Warum war sie nur so verbissen? Die Kinder konnten sie einfach nicht leiden.

Ein Fall wie dieser ist schwer zu analysieren. Die Lehrerin machte ja eigentlich keine greifbaren Fehler, aber dennoch war alles, was sie tat und sagte, irgendwie falsch. LehrerInnen brauchen so etwas wie den Psi-Faktor, eine nicht genau zu beschreibende Fähigkeit, mit den Kindern umzugehen. Exakt dieser Faktor fehlte bei Frau Schmitz-Gebhardt.

Hunderte von Kindern in Z. haßten sie. Stefan zum Beispiel bastelte heimlich Voodoo-Puppen, die er nach ihr benannte und durchstach. Den größten Schaden richtete sie im Fach Mathematik an, denn fehlen dort wesentliche aufbauende Kenntnisse, ist es schwer, den nachfolgenden Stoff aufzunehmen. Für unzählige hoffnungsvolle MatheschülerInnen wurde das Fach zum Stolperstein und blieb verhaßt.

Die Eltern am Heinrich-Böll-Gymnasium versuchten es zunächst mit Gesprächen, endlosen Debatten, die Frau Schmitz-Gebhardt tapfer lächelnd überstand, indem sie sich stundenlang rechtfertigte, aber niemals zugab, daß die Probleme in ihrem Lehrerverhalten zu suchen waren. Es war vertane Zeit. Der Elternsprecher vereinbarte einen Termin mit dem Schulleiter, Herrn Ebert. Dort beklagte er sich über »Gepards« Ungerechtigkeit, daß sie die Kinder überfordere, daß die Kinder sie nicht mochten und daß die Kinder nicht genug lernten.

Der Schulleiter versprach, wie der Klassenleiter, ein klärendes Gespräch. Es verlief wie immer! Herr Ebert empfand starkes Selbstmitleid dafür, daß er an seiner Schule diesen Härtefall tragen mußte, konnte aber nichts Gezieltes unternehmen. Er besuchte den Unterricht der Problemlehrerin und fand ihn fachlich sogar sehr überzeugend. Was er nicht bedacht hatte, war der Umstand, daß die Kinder bei seiner Anwesenheit in der Klasse aus Respekt vorm »Direx« ruhig und diszipliniert blieben, und die Stunde daher »lief«. Alles blieb beim alten.

Wirksame Maßnahmen zur Entsorgung

Keine zermürbenden Auseinandersetzungen mehr!

Wenn alle Gespräche nichts mehr nützen und die Situation für die SchülerInnen wirklich unzumutbar geworden ist, empfiehlt der Schulprofi: Schluß mit den zermürbenden Auseinandersetzungen!

Beweise für dienstliche Versäumnisse sammeln!

Will ein durchblickendes Elternteil, am besten der Elternvertreter der Klasse, die Kinder vom Alptraum erlösen, muß er/sie gezielt Dokumente sammeln, die die Unfähigkeit der Lehrerin eindeutig belegen. Am besten wären Beweise für dienstliche Versäumnisse, was in unserem Beispiel nicht einfach ist, weil Frau Schmitz-Gebhardt ja eigentlich die perfekte Beamtin sein will.

Verwertbar wären nur das ständige Zuspätkommen in den Unterricht und die überzogenen Stunden. Gezielt müßte eine Liste mit dem genauen Datum des jeweiligen Versäumnisses sowie die Zeitdauer des Zuspätkommens bzw. Überziehens geführt werden. Diese Liste überreicht der Elternvertreter dem Schulleiter und schickt sie an den zuständigen Referenten der Schulaufsicht.

Wirkungsvoll wäre auch eine Sammlung von unzumutbar schweren Tests oder Klassenarbeiten. Es müßte klar ersichtlich sein, daß die Kinder einer Klasse bei Frau Schmitz-Gebhardt im Schnitt deutlich schlechter benotet werden als bei ihrem Vorgänger im betreffenden Fach und im Vergleich mit den Leistungen in den anderen Unterrichtsfächern. Der Nachweis, daß in den Tests Wissen abverlangt wurde, das den SchülerInnen nicht oder nur unzureichend vermittelt wurde, ist schwer zu erbringen. Befindet sich in der betreffenden Klasse allerdings ein Überflieger, der überall durch Einser glänzt und alles, wirklich alles Wissen präsent hat, könnte seine Arbeit herangezogen werden, um den Beweis zu führen. Hat auch der Klassenbeste Lücken, muß es logischerweise am Unterricht liegen. LehrerInnen wie die übereifrige Kollegin unseres Fallbeispiels sind jedoch oft clever genug, bekannten Schülergenies Topnoten zu geben, um sie auf ihre Seite zu ziehen und den Elternprotesten den Wind aus den Segeln zu nehmen. Der wirksame Elternprotest muß also durch weitere Beweise unterfüttert werden.

Schulleitung und Schulaufsicht horchen auf, wenn das Stichwort »Benachteiligung« fällt, denn Benachteiligung in Prüfungen ist juristisch verwertbar. Zu den Prüfungen zählen auch Tests und Klassenarbeiten. Hier geht es ja um die Verteilung von Lebenschancen. Sitzenbleiben oder miserable Durchschnittsnoten im Abitur schmälern diese Chancen bekanntlich. Die Eltern können argumentieren, daß ihre Kinder durch Frau Schmitz-Gebhardts Unfähigkeit gegenüber anderen Klassen kraß benachteiligt werden. Hier müßte der Nachweis erbracht werden, daß die Lehrerin zum Beispiel den Stoff des Lehrplans nicht »durchbringt« und den Kinder so Wissenslücken entstehen. (Den Lehrplan können die Elternvertreter beim Schulleiter einsehen.) Die Eltern derjenigen Kinder, wie zum Beispiel Stefan, die mit Frau Schmitz-Gebhardt besonders hart aneinandergeraten und Opfer ihrer schlechten Rachenoten werden, können ebenfalls mit dem Benachteiligungsargument operieren. In Wirklichkeit handelt es sich ja um verkappte Verhaltensnoten. Auch hier ist ein Vergleich mit den Vorgängernoten und dem gesamten Leistungsbild des Schülers wirksam.

Belege für klare Benachteiligung beibringen!

Ohne Eltern-solidarität geht es nicht

Entscheidend für die wirksame »Entsorgung« ist die Elternsolidarität. Beschweren sich immer nur die gleichen Eltern von ProblemschülerInnen, kann die Schulleitung dies als übliche Nörgelei notorischer Querulanten abtun, die es in jeder Klasse gibt. Tatsächlich laufen über jeden noch so guten Pädagogen Beschwerden ein, denn leider gibt es unter den Eltern auch Problemfälle, die aus verschiedenen Gründen wirklich alles kritisieren und engagierten LehrerInnen ständig Steine in den Weg legen.

Kooperation mit der Schulleitung

Der Schulprofi empfiehlt folgendes Vorgehen: Die gewählten Elternvertreter sammeln Dokumente über Frau Schmitz-Gebhardts Unfähigkeit und überreichen sie der Schulleitung im Rahmen eines vertraulichen Gespräches. Klappt diese Kooperation nicht, wird die Dokumentation auch der Schulaufsicht zugesandt. Zusätzlich bombardieren möglichst viele Eltern, gerade auch die Eltern der Klassengenies, den Schulleiter mit Beschwerden. Nun muß er handeln! Die Minimallösung in diesem Falle heißt Ablösung der unfähigen Pädagogin nach Ablauf des Schuljahres durch eine andere Lehrkraft. Zwar müssen jetzt die Kinder einer anderen Klasse unter dem »Geparden« leiden, aber der Schaden wird gerecht auf alle verteilt. Langfristig wird die Schulleitung versuchen, diesen Härtefall abzustoßen. Im Idealfall gelingt es, die eigentlich ja tüchtige und fleißige Lehrkraft davon zu überzeugen, daß sie in einem anderen Beruf besser aufgehoben wäre. Frau Schmitz-Gebhardt wäre auf dem Arbeitsmarkt nicht chancenlos.

Rechtliche Schritte

Die Aufsichtsbeschwerde

Ist das Maß voll und drängt sich der Eindruck auf, daß die Schulleitung trotz ihrer Versprechungen weitgehend untätig bleibt, haben Sie die Möglichkeit, eine »Aufsichtsbeschwerde«, oft auch »Dienstaufsichtsbeschwerde« genannt, bei der Schule einzulegen. Schildern Sie den Sachverhalt, in unserem Fall die Versäumnisse des »Geparden«, möglichst mit Datum und mit Belegen versehen. Die Schule muß nun »Abhilfe« schaffen. Gelingt ihr dies nicht, muß sie Ihre Beschwerde an das zuständige Schulamt, mit einer Stellungnahme versehen, weiterleiten. Diese Instanz der Schulaufsicht (je nach Bundesland verschieden benannt) hat jetzt den »schwarzen Peter« und muß Schritte einleiten oder kann die Beschwerde zurückweisen, wenn sie unbegründet erscheint. Sie können sich dann an das Kultusministerium wenden.

Unerfreuliche Nebenwirkungen

In der Praxis werden viele Schulen mit Dienstaufsichtsbeschwerden überhäuft, die oft kleinlich und gegenstandslos sind. Die Wirkung dieses Elterndruckmittels hat sich so leider abgeschwächt. Auf der anderen Seite hat die Flut der Aufsichtsbeschwerden aber dazu geführt, daß die LehrerInnen und Schulleitungen immer unflexibler werden und aus Angst vor dem ewigen Ärger mit der Schulbürokratie nur noch auf die Bestimmungen schielen.

Helfen Sie der Schulaufsicht!

Wenn Sie also zum Mittel der Aufsichtsbeschwerde greifen, muß schon ein massiver Anlaß gegeben sein. Bei untragbaren LehrerInnen erweisen Sie mit einer Beschwerde sogar allen Beteiligten einen Dienst, denn auch die Schulaufsicht braucht Belege für den Elternprotest und muß eine dicke Fallakte zusammengebracht haben, bevor sie durchgreifen kann.

Nützt eine Klage beim Verwaltungsgericht?

Der Rechtsweg über eine Verwaltungsgerichtsklage nach § 40 Abs 1 VWGO wäre in unserem Beispiel jedoch nicht gangbar. Zwar träfe zu, daß das Verhalten der Lehrerin Sie als Eltern (in Vertretung Ihrer Kinder) persönlich belastet und in Ihren Rechten verletzt. Die schulischen Maßnahmen, die Frau Schmitz-Gebhardt bzw. der Schulleiter ergriffen haben, liegen jedoch unterhalb der Schwelle rechtsrelevanter Maßnahmen.
Der Weg über das Verwaltungsgericht wäre allenfalls bei den unbegründeten Zeugnisnoten und bei etwaiger Nichtversetzung Ihres Kindes gangbar.
Der Schulprofi rät aber von solchen Schritten ab: Aufwand und Ertrag stehen schon wegen der langen Zeitdauer eines Verfahrens in keinem Verhältnis zueinander. Die Folge solcher Maßnahmen ist eher, daß in der Schule demnächst nur noch Verordnungen und Erlasse regieren, auf Kosten des unbefangenen Umgangs miteinander, versteht sich.

5. Hausaufgaben: Generationenkrieg im Kinderzimmer?

Der alltägliche Kampf um die Hausaufgaben ist eines der nervenaufreibendsten Kapitel im Leben der gestressten Eltern. Hin- und hergerissen zwischen ihrer Rolle als liebe Mammi bzw. Pappi und des gestrengen Hilfslehrers verschleißen sie ihre Nerven. In vielen Familien ist der Schülerschreibtisch zum Austragungsort eines bedrückenden Kleinkrieges geworden, der die guten Beziehungen zu den Kindern auf die Probe stellt und in dem beide Seiten nur verlieren. Der Schulprofi nimmt Stellung zu Sinn und Unsinn von Hausaufgaben, erklärt, welche Rolle Sie als Eltern dabei spielen sollten und macht deutlich, welche geheimen Spielregeln hinter dem Hausaufgaben-Kleinkrieg stecken. Er zeigt Lösungswege, wie Sie die typischen Hausaufgabenprobleme Ihrer Kinder bearbeiten können.

Hausaufgaben: Überflüssig wie ein Kropf?

Argumente der Hausaufgabengegner

»Obrigkeitsstaatliche Eingriffe in die Familie«, »sinnlose Beschäftigungstherapie«, »Machtinstrument der Pauker«, »Zementierung der ungleichen Chancen«, »didaktisch unbegründet«, so oder ähnlich schallt es aus dem Lager der Hausaufgabengegner.

Sinnlose Stunden am Schreibtisch

Tatsächlich kennen alle ehemaligen Schüler die quälenden Stunden am Schreibtisch mit der sterbenslangweiligen Deutsch-Erörterung oder dem sinnlosen Abschreiben ellenlanger Texte. Draußen lockten spannende Aktivitäten, und die Schule, die insgeheim oft Spaß machte, wurde selbst den Gutwilligsten verhaßt. Später dann hektisches Abschreiben der Hausaufgaben in Bussen und Bahnen oder in einem versteckten Winkel des Schulhofes. Könner schafften es, in der jeweils vorhergehenden Stunde die Aufgaben für die nächste unter der Bank »abzupinnen«. Die echten Meister ihres Faches jedoch lasen ungeschriebene Hausaufgabentexte so geschliffen vor, als hätten sie zu Hause Stunden an der Formulierung gefeilt.

Hektisches Abschreiben

Unvergessen bleibt auch die Schmach der Sechsen und die Mitteilung an die Eltern, wenn aufflog, daß die Aufgaben nicht erledigt wurden.

Die Schmach der Strafe

Daß Hausaufgaben für den Schulerfolg nicht unabdingbar sind, wurde spätestens klar, als es gelang, in der Oberstufe weitgehend ohne Hausaufgaben zu überleben.

Finden sich die ehemaligen GymnasiastInnen dann in der Elternrolle wieder, fühlen sie sich zwiespältig. Zum einen ist da ein geheimes Rachegefühl: »Warum soll es meinem Sohn anders gehen als mir? Uns hat das Vokabelpauken auch nicht geschadet!« ist so ein typischer Ausspruch. Andererseits möchte man den eigenen Kindern die quälenden, sinnlos verbrachten Stunden ersparen und das Familienleben vom Hausaufgabenstreß befreien.

Die zwiespältige Rolle der Eltern

Sollten Eltern nicht endlich den Aufstand gegen das Unwesen der Hausaufgaben proben?

Hausaufgaben abschaffen?

Der Schulprofi ist anderer Meinung. Am Beispiel des modernen Fremdsprachenunterrichts soll aufgezeigt werden, daß Hausaufgaben durchaus eine sinnvolle Funktion haben *können*. Wenn eine Fremdsprache erlernt wird, bedarf es intensiver Übungs- und sogenannter Vertiefungsphasen. Wortschatztraining zum Beispiel braucht Zeit, und die kann nicht in den knappen Rahmen einer Unterrichtsstunde hineingepreßt werden. Das gleiche gilt für Lektürevorbereitungen oder Strukturübungen. Die kostbare Unterrichtszeit muß für die Neuvermittlung von Strukturen und das Sprechen genutzt werden. Realistisch gesehen stehen den LehrerInnen ja nur ca. 35 Minuten pro Unterrichtsstunde zur Verfügung. Zehn Minuten vergehen leider für technische Abläufe wie Klassenbucheintragung, irgendwelche Listen und tausend andere Kleinigkeiten des Alltags. Ohne Übungsphase zu Hause kann der recht hohe Standard, den deutsche GymnasiastInnen im internationalen

Nein! Ohne Hausaufgaben sinkt das Niveau

Vergleich der Fremdsprachenkenntnisse aufweisen, gar nicht erreicht werden.

Das Dilemma ist nur, daß viele SchülerInnen derart aufnahme- und erinnerungsfähig sind, daß sie gar keine Übungsphasen zu Hause bräuchten, also locker auch ohne Vokabelpauken auskommen könnten. Die Präsentation neuer Begriffe im Unterricht reichte völlig aus, um sie für lange Zeit zu speichern. Diese Glücklichen kämen in der Tat ohne aufwendige Vokabelkarteien aus, bräuchten keine »exercises« zu schreiben. Andere hingegen machten ohne intensives Pauken und x-malige Wiederholung der Strukturen überhaupt keine Fortschritte in der Fremdsprache.

Individuell gestellte Hausaufgaben

Im Idealfall müßten die LehrerInnen eigentlich Ausmaß und Intensität der Hausaufgaben für jedes einzelne Kind bestimmen, »differenzieren«, wie es im Fachjargon heißt. Ansatzweise geschieht dies bereits. Aber bei bis zu 33 Kindern in einer Lerngruppe sind solchen Techniken natürlich Grenzen gesetzt, deshalb wird die Hausaufgabenstellung zumeist nach dem Gießkannenprinzip über alle gleichermaßen verteilt. Hier liegt eine Wurzel des verbreiteten Hausaufgabenfrustes.

Hausaufgaben insgesamt in Grund und Boden zu verdammen, wäre nach Meinung des Schulprofis also zu voreilig. Kluge Eltern sollen vielmehr darauf achten, daß Hausaufgaben nur dann gestellt werden dürften, wenn sie sinnvoll und angemessen sind.

Hausaufgaben als Strafe oder Beschäftigungstherapie: Wenn Eltern eingreifen müssen . . .

Drei Gründe für unsinnige Hausaufgaben

»Verboten kann man entnehmen, was die Leute gewöhnlich tun . . . Man kann daraus ein Bild des Alltagslebens gewinnen«, sinniert Umberto Eco in »Das Foucaultsche Pendel.« – In fast allen Bundesländern finden sich in den Hausaufgabenerlassen Formulierungen wie: »Die Hausaufgaben müssen einen erkennbaren Sinnzusammenhang mit dem Stoff der Unterrichtsstunde aufweisen und zu seiner Vertiefung oder Wiederholung beitragen.« Außerdem wurden fast überall feste Zeitrahmen vorgegeben, die die Hausaufgaben je nach Jahrgangsstufe der SchülerInnen nicht überschreiten dürfen. Es ist offenbar, daß es einen Handlungsbedarf für diese Erlasse gab und gibt, und erfahrene Eltern wissen es auch: Es werden immer noch völlig sinnlose, zeitlich überzogene und stupide Hausaufgaben gestellt.

s. Gymnasiastenretter, S. 96: Die wichtigsten Regelungen bei den Hausaufgaben

Drei Gründe sind für diese Mißstände verantwortlich:
Die Hausaufgaben sind im Grunde Strafarbeiten, die ein Fehlverhalten der Klasse ahnden sollen. Sie dienen daher nicht zu Vertiefung oder Wiederholung, sondern zur Disziplinierung.

Hausaufgaben als Mittel der Disziplinierung

Die Unterrichtsstunde und die damit verbundenen Hausaufgaben sind nicht oder wenn, dann chaotisch geplant.

Schlechte Planung

Die Hausaufgaben wurden nur gestellt, damit es Hausaufgaben gibt. In der Lehrerausbildung werden die angehenden Pauker hauptsächlich nach vorgeführten Schaustunden beurteilt, zu denen traditionell eben gut durchdachte Hausaufgaben als Vertiefung gehören. Eine Stunde ohne Hausaufgaben erscheint daher manchen LehrerInnen irgendwie unvollständig.

Hausaufgaben aus Tradition

Planvolle LehrerInnen erkennt man daher unter anderem daran, daß sie gelegentlich keine Hausaufgaben stellen, immer dann nicht, wenn sich aus dem jeweiligen Teil der Unterrichtseinheit keine sinnvollen Hausaufgaben ergeben.

Eine weitere Quelle des Hausaufgabenfrustes sind Hausaufgabenfanatiker unter den StudienrätInnen, die das Augenmaß für die Bedeutung ihres Faches völlig verloren haben, und den SchülerInnen Arbeit zumuten, die den vorgegebenen zeitlichen Rahmen sprengen. Solche Pauker können das Familienleben der Betroffenen schwerwiegend beeinträchtigen und so ist es nur Ihr gutes Recht, sich gegen diese Überforderung zur Wehr zu setzen. Wie man es anstellt, zeigt das Beispiel »Quittmann«.

Wehren Sie sich gegen Hausaufgabenfanatiker!

»Wer mich in Biologie oder Französisch hat, kann sich die ersten Semester an der Universität sparen und gleich mit dem Hauptstudium anfangen!« ist Quittmanns Motto. Daß Quittmann Hardliner ist, versteht sich von selbst, aber er ist erstaunlich beliebt, denn sein Unterricht hat Qualitäten, von denen andere Kollegen nur träumen können: Er ist interessant, witzig und gut strukturiert. Nur die Leistungsanforderungen sind exorbitant.
Der Lernstoff, den er bei Hausaufgaben aufgibt, verlangt einem durch-

schnittlichen Pennäler mindestens zwei Stunden ab. Für andere Fächer bleibt da kaum noch Zeit. Wer Qittmann hat, wird so zwar zum Biologie- oder Französisch-As, sackt dafür aber in den anderen Fächern ab, weil die ganze häusliche Energie für Quittmann abgezweigt wird. Da Quittmann auch rigoros »abfragt« und benotet, gibt es kaum einen Ausweg aus dem Hausaufgabendilemma.
Astrids und Gernots Vater, Steuerberater Eckardt, hat das dritte Wochenende hinter sich, an dem er mit den Kindern zum Camping fahren wollte. Jedesmal fiel das Vorhaben Herrn Quittmanns Anforderungen zum Opfer, denn beide Kinder genießen seinen Unterricht, Astrid in Klasse 12 Leistungskurs Biologie und Gernot in Klasse 8 Französisch.
»Tut mir leid, Pappi, aber wenn wir fahren, muß ich die Biologie- bzw. Französischsachen mitnehmen«, hieß es bei jedem Anlaufversuch für ein Campingwochenende. Herrn Eckardt platzt schließlich der Kragen. »Wer ist dieser Quittmann eigentlich, der ständig in unsere Familie hineindirigiert!« regt er sich auf. Frau Eckardt hatte schon ein Einzelgespräch mit Quittmann beim Elternsprechtag hinter sich gebracht und rät ihrem Mann gleich von weiteren Unterredungen ab. »An den kommst du nicht heran. Der sieht nur seine Fächer. Und er hat selbst keine Kinder. Es ist zwecklos.«
Herr Eckardt ruft den Elternvertreter der Klasse 8, Herrn Leber, an. Herr Leber hatte schon seit geraumer Zeit Elternbeschwerden in Sachen Quittmann entgegennehmen müssen und ist froh, daß er weitere Verstärkung von Herrn Eckardt bekommt. Er verspricht zu handeln. Leber hat guten Einblick in die Vorgänge hinter den Kulissen des Max-Planck-Gymnasiums, denn er kennt einige KollegInnen privat. Er wählt daher einen geschickten Insiderweg: Statt gegen Quittmann, einen unbelehrbaren Papst, bei einem Elternabend vergeblich Sturm zu laufen, sucht er ein wirkungsvolleres Forum aus: die Gesamtkonferenz der Schule. Dieses Gremium umfaßt alle LehrerInnen der Schule, die Schulleitung, die Eltern- und die Schülervertreter. Je nach Bundesland gibt es andere Bezeichnungen, haben die Eltern volles Stimmrecht oder nur Mitwirkungsrecht. In jedem Falle aber sind sie anwesend und müssen gehört werden. Die Beschlüsse der Gesamtkonferenz sind bindend, auch für die Schulleitung.
Leber weiß, daß er in der Gesamtkonferenz viele Verbündete hat: Da ist die Klassenlehrerin Frau Buntenbach, die eigentlich dafür zuständig ist, die Hausaufgaben der verschiedenen Fächer so zu koordinieren, daß ein fairer Ausgleich ohne Überforderung der Kinder zustande kommt. Auch sie war als Kollegin mit ihrem Anliegen bei Quittmann gescheitert und verbittert. Die Schulleiterin, Frau Glotz, ist etwas zwiespältig, denn einerseits schätzt sie effiziente Lehrer wie Quittmann in ihrem Personal, andererseits muß sich mit den laufenden Elternbeschwerden gegen seine überzogenen Anforderungen auseinandersetzen. Dennoch setzt sie nach Absprache mit Leber, der auch Schulelternsprecher ist, den Tagesordnungspunkt »Umfang und Zeitmaß der Hausaufgaben« auf die Tagesordnung.
Leber nimmt gut vorbereitet an der Gesamtkonferenz teil. Vor ihm liegen Biologie- und Französisch-Haushefte aus verschiedenen Klassen. Zusätzlich hat er sich nach den Elternanrufen Notizen gemacht. Als das Thema endlich zur Sprache kommt, greift Leber Quittmann sachlich aber knallhart an. »Ich habe hier ein Französischheft von Gernot Eckardt aus der Klasse 8. Ich habe mir sagen lassen, daß Gernot in fast allen Fächern der Klasssenbeste ist. Am 27.3. hat er hier fünf DIN-A-4-Heftseiten schriftliche Hausaufgaben zu machen gehabt, alles Übungen. Gernot hat dafür

nach Aussage seiner Mutter eineinhalb Stunden gebraucht. Zusätzlich hatte er noch 29 Vokabeln zu lernen. Insgesamt brauchte er zweieinhalb Stunden allein für Französisch. Ich zitiere aus dem Erlaß des Kultusministers. »§ 42 (GSO) Die für die gesamte häusliche Vorbereitung benötigte Arbeitszeit soll in der Unterstufe zwei Stunden nicht überschreiten«. Dies ist bei Ihnen kein Einzelfall, Herr Quittmann. Bitte nehmen Sie Stellung.« Herrn Quittmanns Antwort bringt auch seine KollegInnen gegen ihn auf. Vom gymnasialen Anspruch ist die Rede, vom Ansehensverlust des Gymnasiums. »Wenn alle hier so lasch wären wie manche Kollegen, würden wir bald auf Gesamtschulniveau absinken!« tönt er. Der Protest bleibt nicht aus. »Hans, Du mußt Dich auch einmal in die anderen Kollegen hineinversetzen, zum Beispiel in der Klasse 8. Wenn wir in Religion mal schriftliche Hausaufgaben stellen wollen, schreien gleich alle: Geht nicht, wir haben schon so viel beim Quittmann auf!« beschwert sich eine Kollegin. Viele andere sind auch verärgert, denn Quittmann spielt sich als alleiniger Gralshüter der gymnasialen Werte auf. Er bekommt ordentlich eins aufs Dach. Als auch noch die Schulleiterin ihn zu mehr Kooperation bei der Abstimmung der Hausaufgaben mit den anderen Kollegen aufruft, wird Quittmann endlich klar, daß er in Zukunft vorsichtiger sein muß. Er sieht keineswegs ein, daß seine Ansprüche überzogen waren, aber er will sich demnächst auf den Posten des stellvertretenden Schulleiters bewerben und kann sich keinen Ärger leisten. Er murmelt noch etwas von »Kinder in Watte packen«, mäßigt sich aber in Zukunft beim Umfang der Hausaufgaben.

Der Eingriff der Eltern kann also durchaus erfolgreich sein. Bei den Hausaufgaben prallen Schule und Elternhaus am stärksten aufeinander, gerade hier ist die Einhaltung der bestehenden Regelungen unabdingbar.

Mama und Papa als verlängerter Arm der Bildungspolitik?

Es ist einfach unerträglich: Erfolg am Gymnasium hängt immer noch davon ab, ob und in welchem Umfang ein Kind zu Hause gefördert wird. SchülerInnen, die zum Beispiel einen Mathematiklösungsweg nicht verstanden haben, sind im Vorteil, wenn sie daheim einen Erwachsenen vorfinden, der lineare Gleichungen lösen kann. Aber nicht nur Vokabelabhören, Diktatüben und Matheerklärungen verschaffen den Begünstigten Vorteile: eine ganz entscheidende Erfolgsquelle sprudelt, wenn es den Eltern gelingt, den Kindern das Lernen beizubringen.
Anders formuliert: Die Eltern vermitteln, wie man auswendig lernt, wie die Arbeit sinnvoll eingeteilt werden kann oder wie ich mit Un-

Ungleiche Chancen

Oft nur zu Hause: Das Lernen lernen

lust umgehe und vieles mehr. Aber wie sollen Mütter und Väter dieses »Methodenwissen« vermitteln, wenn sie selbst nie solchen Lernanforderungen ausgesetzt waren? Die Hausaufgaben und die Tatsache, daß sie in den meisten Bundesländern auch benotet werden, so muß man den Kritikern recht geben, zementieren also tatsächlich die bestehenden Ungleichheiten. Gewiß gibt es kleine Genies, die, aus einfachsten Verhältnissen stammend, ohne jede Hilfe der Eltern das Gymnasium glatt und erfolgreich durchlaufen. Sie sind eben Genies! Für die große Mehrheit aber gilt: Es ist ein Mythos, daß StudienrätInnen keine Mithilfe des Elternhauses bei den Hausaufgaben und Klassenarbeitsvorbereitungen erwarten. Machen wir uns nichts vor, ohne Mütter und Väter, die nach Feierabend brav Hilfslehrer der Nation spielen, käme nur ein geringer Teil der SchülerInnen mit kompletten Hausaufgaben und antrainiertem Wissen in die Schule. So manche der anwesenden Mütter und Väter dürfen sich bei der Abiturfeier ihrer Tochter/ihres Sohnes auch selbst beglückwünschen. Ohne ihre nachmittägliche Hilfe in den schwierigen Phasen der Schullaufbahn wäre ihren Sprößlingen der Sprung in die gymnasiale Oberstufe wahrscheinlich nie gelungen.

Neue Unterrichtsformen auch am Gymnasium

Es gibt Eltern, die schon in der Grundschulzeit ihrer Kinder Volkshochschulkurse in Englisch und Französisch belegen, damit sie den künftigen GymnasiastInnen besser helfen können. Was aber geschieht mit den weniger glücklichen, dennoch genauso begabten und leistungswilligen GymnasiastInnen, deren Eltern keine Hilfestellungen geben können?

Zum Glück setzt sich an vielen Schulen die Erkenntnis durch, daß neben reiner Wissensvermittlung auch das Methodenwissen, das »Lernen lernen« entscheidend ist. In der sogenannten Freiarbeit zum Beispiel, die sich auch an den Gymnasien immer stärker durchsetzt, können die SchülerInnen selbst bestimmen, was, in welchem Fach und mit welchen Mitschülern sie selbständig arbeiten wollen. Die LehrerInnen haben in diesen Unterrichtsphasen Gelegenheit, sich um einzelne SchülerInnen zu kümmern und ihnen zu zeigen, wie man am besten vorgeht.

In der traurigen Regel finden die Kids aber immer noch den traditionellen Fachunterricht vor, in dem vorwiegend nur Lernstoff vermittelt wird.

Ihre Aufgabe: Fördern und Fordern

Was tun? Die Antwort lautet: Fördern und fordern. Fördern Sie als Eltern alle diejenigen Lehrkräfte und Unterrichtsprojekte, die auf »Lernen lernen« hinauslaufen. Lassen Sie sich nicht zum verlängerten Arm der Bildungspolitik machen, indem Sie brav alle Lücken stopfen, die die Schule nicht ausfüllt und auf Grund der bestehenden Strukturen auf das Elternhaus abschiebt.

Warum gibt es nicht, wie an manchen Schulen praktiziert, überall das Angebot einer qualifizierten Hausaufgabenbetreuung durch kompetente LehrerInnen oder sonstiges geschultes Personal? Es ist nur eine Frage der bereitgestellten finanziellen Mittel, denn solche Angebote erfordern mehr Personalzuweisungen an die Gymnasien. Die Fachkräfte sind da und warten gerade im gymnasialen Zweig auf eine berufliche Chance.

Mehr Personal einstellen!

Fordern Sie von den Landespolitikern, daß mehr Personal für die pädagogische Betreuung auch am Gymnasium bereitgestellt wird. Leider macht niemand genügend Druck, denn Landespolitik und Landtagswahlen werden häufig als zweitrangig angesehen. Daß Schulpolitik vorwiegend Ländersache ist, wissen viele Eltern gar nicht. Dabei geht es gerade hier um die Zukunft der nächsten Generation in einem Staat, der außer dem Bildungspotential seiner Bevölkerung kaum über nennenswerte Ressourcen verfügt.

Bildung als Standortfaktor

Die Argumente sind erschlagend. Sie müßten eigentlich die auf wirtschaftlichen Erfolg fixierten Politiker überzeugen. Umfragen bei ausländischen Investoren zeigen immer wieder, daß die (wenn auch schwindende) Attraktivität Deutschlands als Wirtschaftsstandort an erster Stelle mit dem hohen Bildungs- und Ausbildungsstand der Beschäftigten zusammenhängt. Diese Tatsache, vereint mit dem gewichtigen Stimmenpaket der Millionen von Eltern, müßte Schulpolitik zum Wahlkampfthema Nummer eins werden lassen.

Bildungspolitik mit dem Rotstift

Aber weit gefehlt: Überall werden Stellen, vor allem im Gymnasialbereich gestrichen, obwohl ein neuer »Schülerberg« naht. Die Arbeitszeit der LehrerInnen wird heraufgesetzt, das Pensionsalter erhöht, die Schüler-Stundenzahl gesenkt und die Klassengrößen werden verstärkt. Alle diese Tricks haben nur ein Ziel: die gebeutelten Landeshaushalte zu sanieren, denn das Personal wird vom Land bezahlt.

Zugegeben, die Landeshaushalte haben unter den Kosten der Einheit stark gelitten, aber müssen die Kinder dieses Dilemma ausbaden, indem sie in Zukunft weniger Stunden, gestreßtere LehrerInnen und noch größere Klassen vorfinden?

Sorgen Sie für Veränderungen

Daß niemand wirklich auf die Barrikaden geht, liegt wohl daran, daß der Elternprotest in den 15 Bundesländern zerfasert wird, denn Bildung ist kein gemeinsames Bundestagswahlkampfthema.

Lassen Sie sich nicht länger zu Lückenstopfern einer verfehlten Bildungspolitik machen, und ändern Sie die verhängnisvolle Sparpolitik in Ihrem Bundesland!

Das Hausaufgabenspiel: Die heimlichen Regeln

Eltern als Outsider

Die geheimen Spielregeln zu durchschauen, ist nicht nur für die SchülerInnen am Gymnasium (über)lebenswichtig. Auch die Eltern müssen verstehen, daß gerade Hausaufgaben Teil der ungeschriebenen Abmachungen sind, die so ein altes, tradiertes System wie die Oberschule hervorgebracht hat. Kennzeichnend für solche Systeme ist bekanntlich, daß die sichtbaren Strukturen und die tatsächlichen Abläufe auseinanderklaffen. Nur Insider verstehen aber die tatsächlichen Abläufe; Eltern sind nun einmal eher Outsider. Die Formel lautet vereinfacht: Hausaufgaben sind anzufertigen. So steht es in den Verordnungen. Tatsächlich läuft es aber so, daß die Erledigung qualitativ verschieden ausfallen kann oder nicht zwingend ist. Im Laufe der Zeit entwickeln intelligente, lebenstüchtige SchülerInnen ein untrügliches Gespür für die subtilen »Feinregeln« bei den Hausaufgaben und lernen, ihren Arbeitseinsatz ökonomisch zu timen.

Ein Beispiel aus dem Hausaufgabenalltag

Eltern, auch wenn sie selbst Pennäler waren, brauchen einen Auffrischkurs, um zu verstehen, was wichtig ist und was nicht. Die folgende Szene aus dem Hausaufgabenalltag soll klarmachen, wie das Spiel gespielt wird.

Mutter: Wie, du willst schon wieder Fußballspielen gehen? Hast du denn überhaupt schon deine Hausaufgaben fertig?

Sohn (nicht sehr überzeugend): Na klar!
Mutter: Zeig' mal her, was du gemacht hast! (Widerwillig holt der Sohn ein Heft und einen Stapel Vokabelkarten heraus.)
Sohn: Hier ist Deutsch, eine Gegenstandsbeschreibung, und das sind die Vokabelkarten für Englisch. Sonst hatten wir nichts auf.
Mutter: Moment mal, das kann doch gar nicht sein. Du hast doch morgen sechs Stunden. Da habt ihr doch für jedes Fach etwas auf.
Sohn (genervt): O.K. Erste Stunde Mathe – hatten wir nichts auf. (Mutter guckt mißtrauisch.) Zweite Stunde Religion – nur mündlich. Dritte und vierte Stunde Deutsch – die blöde Erörterung. Fünfte Stunde Bio – brauch' ich nichts zu machen. Sechste Stunde Englisch – hier die Vokabelkarten.
Mutter (alles andere als zufrieden): Wieso hattet ihr in Mathe nichts auf?
Sohn: Wir waren früher fertig und durften deshalb schon am Ende der Stunde mit den Hausaufgaben anfangen. Die hatte ich schon fertig. (Sohn Philipp sitzt geschickterweise neben dem Mathe-As der Klasse.)
Mutter: Und was war das in Religion, nur mündlich?
Sohn: Die Reformation. Wir sollten uns das mit den Thesen noch mal angucken, aber wir schreiben eh keinen Test mehr.
Mutter: (Diese Logik überzeugt die Mutter nicht ganz) Aber du mußt doch trotzdem lernen.
Sohn: Ach nee, nicht nötig.
Mutter: Erklär mir mal, warum du Bio nicht zu machen brauchst.
Sohn (schon halb in der Tür): Die Schalkenbaum hört sowieso nie ab! Tschüß!

Die Mutter schüttelt besorgt den Kopf über so viel Lässigkeit. Erwartet man denn von einem Gymnasiasten nicht, daß er alles ganz gewissenhaft erledigt? Sie ist im Zweifel, ob Philipp mit dieser Einstellung »durchkommen« wird. Im gefährlichen Alter von 13 Jahren vermutet sie bei Philipp die ersten Anzeichen von pubertärem Protest. Tröstlich für sie ist, daß Philipps Leistungen nicht schlecht sind. Beim letzten Zeugnis hatte er einen Notendurchschnitt von 1,8.

»Ich hab nichts auf« als erstes Anzeichen drohender Verwahrlosung? Der Schulprofi meint: im Gegenteil! Philipp aus unserem Beispiel zeigt bemerkenswert guten Durchblick durch die verschleierten Feinregeln und teilt seinen Einsatz nach dem ökonomischen Prinzip ein. Irgendwann verstehen die meisten lebenstüchtigen SchülerInnen, daß mit gewissenhafter Erledigung *aller* Hausaufgaben wertvolle Energien sinnlos verschleudert werden.

Arbeitseinsatz nach dem ökonomischen Prinzip

Durchblicker konzentrieren sich auf Hausaufgaben, die positiv gesehen ein Lob und gute Noten einbringen oder negativ gesehen kontrolliert und bei Nichterledigung bestraft werden. Oft spielt auch die Vorliebe für ganz besondere Lieblingslehrer eine Rolle, und die Hausaufgaben werden »für« die Person der LehrerInnen gemacht.

Wann sie gemacht werden

Zwei Ausnahmen gibt es: Ehrgeizige Einser-SchülerInnen, die, aus welchen Motiven auch immer, die Besten sein wollen, und »Wackelkandidaten«, die am Gymnasium hoffnungslos überfordert sind und sich nur mit verzweifeltem Pauken über die Runden retten können. Die große Masse im Mittelfeld aber kann ihren Arbeitseinsatz ohne weiteres gezielt dosieren und braucht wirklich nicht *alles* zu erledigen.

Normale SchülerInnen können nicht alles gleich intensiv erledigen

Diese Schülereinsicht steht auch im Zusammenhang mit der Sinnlosigkeit vieler Hausaufgaben. Wenn Philipp sich tatsächlich für alle sechs Fächer des morgigen Tages mit Hausaufgaben verausgabt hätte, könnte sein Langzeitgedächtnis ohnehin nur Bruchstücke des gesamten Lernstoffes speichern. Es reicht ihm als Schüler mit guter Aufnahmefähigkeit, den Unterrichtsstoff in den Stunden zu verfolgen, um den Anschluß an das Fachwissen zu halten. (Hier zeigt sich auch, ob der Unterricht gut und anschaulich geplant war!) Einpauken der »Thesen am Dom zu Wittenberg« für Religion und des »Aufbaus der Zwiebel« für Biologie zusätzlich zu den Englischvokabeln und der Deutsch-Erörterung würde Philipp langfristig in den Nebenfächern nicht weiterbringen. Wenn Tests oder sonstige Überprüfungen drohen, wird Philipp schon schlau genug sein, rechtzeitig zu pauken. Ansonsten kann er auf gute Noten für Interesse und Mitarbeit hoffen.

Eltern, die ihr hoffentlich gutes Verhältnis zum Sohn oder zur Tochter nicht aufs Spiel setzen wollen, sollten also nicht allzu verbissen auf sturer Erledigung *aller* Aufgaben bestehen.

Pubertäre Protestphasen, die für die gymnasiale Laufbahn wirklich bedrohlich werden können, sind hier ausgenommen. Werden die Hausaufgaben aus Protest verweigert, dann muß eingegriffen werden. (Siehe Kapitel »Durchhängen in der Pubertät ohne Hängenbleiben«.)

Hausaufgaben als Maßstab für Autorität

Eine besonders nebulöse Spielregel bei den Hausaufgaben, die Outsidern nur schwer verständlich gemacht werden kann, ist die »Demutsfunktion« der Aufgaben. Das Lehrer-Schüler-Verhältnis ist ja ähnlich dem Eltern-Kind-Verhältnis auch ein Machtspiel. Daran haben antiautoritäre Partnerschaftsvorstellungen nicht viel geändert, denn selbstverständlich üben die Pauker den SchülerInnen gegenüber Herrschaft aus. Schulpflicht, Bildungsauftrag des Staates und Chancenzuweisung durch die Schule sorgen dafür, daß trotz freundschaftlichen Umgangs miteinander doch die Lehrer Anweisungen geben, die die Schüler befolgen müssen. In allen Machtverhältnissen gibt es »tokens«, Unterpfande, die offen oder versteckt, Macht symbolisieren. Hausaufgaben gehören mit Sicherheit dazu, ist der Pauker auch noch so partnerschaftlich und vom pädagogischen Eros beseelt. Wenn SchülerInnen diese Anweisung offen nicht befolgen, dann trifft es den Lehrernerv ganz empfindlich.

Die Erledigung der Hausaufgaben hat bewußt oder unbewußt eine Signalfunktion. Sie signalisiert Respekt. Umgekehrt wird Nichterledigung oft vorschnell als Verweigerung wahrgenommen. Mehr als Stoffvertiefung dienen Hausaufgaben also auch als Maßstab der Achtung, die die SchülerInnen einem Pauker entgegenbringen.

Ein Formulierungstip

Eltern müssen diese geheime Funktion verstehen, bevor sie gegen Hausaufgaben zu Felde ziehen. Wenn Sie Ihre Kinder dabei unterstützen, daß die Hausaufgaben nicht gemacht werden, interpretieren die LehrerInnen Ihr Verhalten als Untergrabung ihrer Autorität. Schreiben Sie daher nie Formulierungen wie »Ich bin der Meinung, daß diese Hausaufgaben sinnlos sind und habe meinen Sohn angewiesen ihre Erledigung zu unterlassen«. Damit treffen Sie die Lehrer-Ehre bis ins Mark, und Sie müssen mit erheblichem Ärger rechnen.

Alle Gründe, die Sie für die Nichterledigung der Hausaufgaben angeben, müssen einräumen, daß Sie sich prinzipiell dem Hausaufgabendiktat beugen, aber irgendeine höhere Gewalt es verhindert hat, daß sie tatsächlich erledigt wurden.

Besser wäre also etwa:

»Mein Sohn mußte zu einer Familienfeier und hatte leider keine Zeit, die Hausaufgaben zu machen. Er wird sie nachholen.« Keine Angst, die wenigsten LehrerInnen kontrollieren, ob die Hausaufgaben tatsächlich nachgemacht wurden. Sie sind indes zufrieden, daß ihre Autorität anerkannt wurde, und Ihr Kind darf Wohlwollen erwarten.

Immer irgend etwas vorlegen!

Ehe Ihr Kind gar nichts vorlegt, raten Sie ihm immer dazu, wenigstens angefangene oder fragmentarische Hausaufgaben vorzuweisen. Die nachlässigen oder unter Zeitdruck stehenden SchülerInnen dürfen dann zwar keine Lobeshymnen von Lehrerseite erwarten, brauchen aber auch keine vernichtenden Disziplinarmaßnahmen oder Sechsen zu fürchten. Sind Sie wirklich von der Sinnlosigkeit einzelner Hausaufgaben überzeugt und wollen Sie Ihrem Sohn/Ihrer Tochter stundenlange Zeitverschwendung ersparen, müssen Sie dies fachlich im Detail belegen können, ohne die Kompetenz der LehrerInnen dabei grundsätzlich in Frage zu stellen.

Peinliche Enthüllungen, wenn LehrerInnen Hausaufgaben machen

Hausaufgabenbenotung ist fragwürdig

Wie fragwürdig die Benotung von Hausaufgaben ist, haben die Schulbürokraten in einigen Bundesländern wie zum Beispiel Nordrhein-Westfalen längst erkannt. »Sie werden in der Regel nicht zensiert...« heißt es dort im Erlaß des Kultusministers von 1974. Daß mit den Noten für schriftliche Hausaufgaben oft genug nur die mühevolle Arbeit der Mütter und Väter honoriert wird, liegt auf der Hand und trägt nicht gerade zu mehr Chancengleichheit bei.

LehrerInnen in der Doppelrolle

LehrerInnen machen diese Erfahrung in ihrer Doppelrolle als Pauker und Eltern selbst gelegentlich und stellen dabei erstaunt fest, daß die Benotung ihrer Mühen gar nicht den hochgesteckten Erwartungen an Supernoten entspricht. Solche Episoden werden nur hinter vorgehaltener Hand erzählt. Würden sie offen preisgegeben, kämen peinliche Tatsachen ans Licht!

Ein Beispiel

Eine der skurrilsten Stories dieser Art ereignete sich am Staatlichen Gymnasium in R.

Oberstudienrat Gerber und seine Familie mußten ran: Die Oma war umgezogen und alle halfen beim Möbelpacken. Unvorhergesehen verschlang die Schwerarbeit ein ganzes Wochenende und gegen Sonntagnachmittag wurde Stefan, der 18jährige Sohn, nervös. »Papa, wir müssen allmählich nach Hause fahren. Ich muß für Ethik noch ein Referat machen, sonst bekomme ich null Punkte«, klagte er. Ethik war nicht gerade Stefans Lieblingsfach. Nur vier Punkte (ausreichend minus) hatte er im letzten Halbjahreszeugnis erhalten, weil er offen Desinteresse am langweiligen Unterricht bekundet hatte. Stefan beschäftigte sich gern mit philosophischen Fragestellungen, aber wenn er mit einem Pauker nicht zurecht kam, blockierte er einfach.
Zuletzt hatte der Numerus clausus von 1,7 in seinem zukünftigen Studienfach die Einsicht gebracht, daß er irgendwie von den vier Punkten herunterkommen mußte. Das Ethik-Referat war seine Chance.

Gegen 17 Uhr waren die Gerbers gerade mit dem Möbelrücken fertig geworden und hatten noch zwei Stunden Heimfahrt vor sich. »Wie soll ich bloß das Kant-Referat schaffen?« wollte Stefan wissen. »O.K., ich helfe dir«, sagte Oberstudienrat Gerber schließlich. Das war nicht zuviel verlangt, denn er hatte neben Mathematik ein abgeschlossenes Philosophiestudium absolviert. Vor die Alternative gestellt, brotloser Philosophiedozent zu bleiben oder Mathematiklehrer zu werden, hatte Gerber sich seinerzeit für den Schuldienst entschieden.

Für ein Referat über den Philosophen Kant reichte es allemal, aber Gerber mußte aufpassen, daß das Referat nicht allzu geschliffen formuliert wurde und dem Nivau eines 18jährigen entsprach. Gerber investierte zwei Stunden Zeit, um den Text, den die Ethiklehrerin Stefan als Grundlage gegeben hatte, zusammmenzufassen und eine eigenständige Bewertung zu erarbeiten. Gerber kam diese Aufgabe für das Grundfach sehr schwierig vor.

Am nächsten Morgen gab Stefan das schriftliche Referat ab. Sein Vater, der sich bei den eigenen Korrekturen gerne viel Zeit ließ, fragte ihn jeden Tag, ob sein Werk endlich benotet zurückgekommen war. Nach zwei Wochen kam die ersehnte Rückmeldung. Gerber rechnete mit mindestens 13 Punkten (sehr gut minus). Aber da platzte die Bombe: Das Kant-Referat war nur mit neun Punkten (befriedigend plus) benotet worden. Der Oberstudienrat war empört. »Etwas unklar« hatte seine Kollegin noch darunter geschrieben. Er schäumte vor Wut: »Die Frau hat keine Ahnung, die hat den Text gar nicht richtig gelesen!«

Leider konnte Gerber keine Beschwerde einreichen und mußte die schlechte Bewertung zähneknirschend hinnehmen. Sohn Stefan sah die Sache anders: »Neun Punkte sind ganz gut, wenn man bedenkt, wie ich vorher stand.«

Stefan blickte als gewiefter Oberstufenschüler durch: die Voreinstellung zu einem Schüler, sein derzeitiger Notenstand, beeinflußt die Benotung aller weiterer Leistung. Auch wenn er ein geniales Referat vorlegt, kann die Ethiklehrerin nicht einfach zu den begehrten 15 Punkten greifen, weil sie damit ihre vorherige Gesamtbewertung des Schülers in Frage stellen würde. Allenfalls kann Stefan sich langsam hocharbeiten und dann auf einem hohen Notenplateau bleiben. Diese Regel funktioniert auch umgekehrt. Liefert ein Spitzenschüler einmal miserable Arbeitsergebnisse ab, würde er wahrscheinlich ebenfalls die schwammigen neun Punkte erhalten, obwohl die Leistung objektiv unter ausreichend lag.

Voreinstellung und Benotung

Objektivität bei der Benotung der Hausaufgaben ist daher eher die Ausnahme. Bei der großen Belastung der LehrerInnen mit schriftlichen Fächern durch die Korrekturen bleibt in der Tat kaum noch Zeit für die gründliche Durchsicht schriftlicher Hausaufgaben.

Daß die Benotung der Hausaufgaben nicht überall und endgültig abgeschafft wurde, hängt mit der Disziplinierungsfunktion der

Objektivität

Hausaufgaben zusammen. Hausaufgaben sind immer noch ein beliebtes Druckmittel und die Androhung schlimmer Noten ist bei vielen kleinen Faulpelzen oder Schlampern wirkungsvoll. Angesichts des großen Autoritätsverlustes der Pauker bleiben ihnen sonst nicht mehr viele Druckmittel.
Wenn Sie also für die lieben Kleinen Hausaufgaben machen, dürfen Sie nicht zuviel erwarten!

Welcher Hausaufgabentyp ist mein Kind, und wie kann ich ihm helfen?

Mütter lassen täglich Nerven

Nur ganz wenigen Eltern sind pflegeleichte Kinder vergönnt, die völlig selbständig und mit guter Arbeitsorganisation die Hausaufgaben erledigen. Die meisten Eltern sind heilfroh, wenn ihre Kinder die Schule verlassen und die ganze Familie endlich vom Konfliktstoff Hausaufgaben befreit wird. Vor allem die Mütter, die häufiger als die Väter am Nachmittag anwesend sind, schlagen sich mit den jeweiligen Hausaufgabenproblemen ihrer Kinder herum und lassen täglich Nerven.

Vier gängige Hausaufgabentypen

Der Schulprofi zeigt vier gängige Schülertypen mit ihren jeweils besonderen Hausaufgabenproblemen und gibt Tips, wie Sie als Erziehende eine Lösung finden können, ohne daß Sie noch stärker als bisher zum Hilfslehrer werden.
In kurzen Episoden wird das typische Hausaufgabenverhalten beschrieben. Wenn Sie Ihren Sohn oder Ihre Tochter in diesen Beispielen wiederfinden, können Sie versuchen, die praktischen Ratschläge zu Hause anzuwenden.

Der Schulprofi unterteilt in:
– Träumer,
– »Tausend andere Dinge im Kopf«,
– vorschnelle Schluderer,
– Vor-sich-her-Schieber.

Träumer

»Was macht er bloß die ganze Zeit?« fragt sich die Familie, wenn Ludger für Stunden in seinem Zimmer verschwindet, um angeblich die Hausaufgaben zu erledigen. Ab und zu sieht seine Mutter, Frau Plinzdorf, zu ihm herein, um festzustellen, wie weit er gekommen ist. Oft genug stehen dann nur die Anfangszeilen seines Deutschaufsatzes oder das erste Päckchen seiner Mathematikaufgaben im Heft. Den Rest der Zeit sitzt Ludger mit offenen Augen am Schreibtisch, träumt, denkt nach über den Lauf der Welt, aber bringt nichts zu Papier. Erst wenn Frau Plinzdorf sich neben ihn setzt und Ludger zur Arbeit antreibt, kommt er vorwärts. Als »Hans-guck-in-die-Luft« wird ein Kind wie Ludger im Struwwelpeter beschrieben. Immer braucht er einen Anstoß von außen, damit er endlich anfängt, konstruktiv zu arbeiten. Im Gegensatz zum zappligen, unkonzentrierten Hausaufgabentyp ist Ludger jedoch ein ruhiger, ja lahmer Vertreter, der sich weniger von Äußerlichkeiten ablenken läßt, sondern in sich selbst versinkt.

Der Schulprofi kann keine Patentrezepte verabreichen, wie »Hans-guck-in-die-Luft« in ein zupackendes Energiebündel verwandelt wird, aber ein paar Tips geben, wie die Mutter selbst aus der Rolle der aktiven Antreiberin herausfinden kann und den Träumer dazu bringt, daß er in angemessener Zeit wenigstens ein Minimum an Aufgaben erledigt. Läuft alles wie bisher, lernt der Träumer nur, daß er weiter von der Energie seiner Mutter zehren kann. **Kein Patentrezept**

Die gute alte Belohnung, das einfachste aller Erziehungsmittel, ist mit Sicherheit erfolgreicher als die tägliche nervenaufreibende Antreiberei. Frau Plinzdorf könnte Ludger versprechen, daß er, wenn er bis 16 Uhr mit seinen Aufgaben fertig ist, »Alf« oder »Raumschiff Enterprise« gucken darf oder daß er ein besonders leckeres Stück Kuchen bekommt. Jedes Kind hat ein anderes »Faible«. Es kann ein Lieblingsspiel sein, das ein Erwachsener mit ihm spielt, der Zugang zum Computer, ein Eis usw. **Positive Verstärkung**

Ziel dieser Verlockungen muß sein, daß in Ludgers Nachmittag eine Struktur installiert wird, die ihm einen sanften Druck verpaßt mit der Aussicht auf positive Erlebnisse. Wenn Sie sich statt dessen neben SchülerInnen wie Ludger setzen und immer wieder »Nun fang doch endlich an!« oder »Schreib doch endlich den Text hin!« sagen müssen, reißt bald Ihr Geduldsfaden. In dieser nervenaufreibenden Rolle leidet nur Ihr gutes Verhältnis zu Ihrem Sohn oder zu Ihrer Tochter. Außerdem lernt er oder sie nur, daß Sie als Energiespender präsent sind und verläßt sich darauf, daß Mama oder Papa ihn, den Träumer, schon in die Realität zurückholt. Selbstdisziplin kann sich so kaum entwickeln. Die kleinen Träumer müssen schon lernen, sich selbst zu aktivieren. **Träumer zehren von Ihren Energien**

Überlegen Sie, worauf Ihr Sprößling wirklich versessen ist und dosieren Sie diesen »positiven Verstärker« so, daß Sie Ihr Kind zum Arbeiten in einem vorgegebenen Zeitrahmen zwingen.

Selbstdisziplin trainieren

Dieses Vorgehen muß möglichst frühzeitig ansetzen, denn irgendwann können Sie den Träumer ohnehin nicht mehr durch Ihre Aktivität zum Arbeiten anhalten. Spätestens in der Pubertät wird er Sie nicht mehr an sich heranlassen. Hoffen Sie darauf, daß Sie ihn bis dahin zu ein bißchen mehr Selbstdisziplin gebracht haben.

»Tausend andere Dinge im Kopf«

Susanne rechnet ein Mathematikpäckchen im Heft durch, dann liest sie ein paar Seiten in »Mädchen«. Sie steht auf, holt sich einen Schokopudding aus der Küche und rechnet anschließend noch ein Mathepäckchen aus. Das Telefon klingelt und Susie telefoniert 45 Minuten mit ihrer Freundin. Eine ganze Heftseite malt sie dabei voll. Seufzend kehrt Susie an den Schreibtisch zurück und schreibt die erste englische Workbook-Übung. Da fällt ihr ein, daß sie heute abend beim Volleyball ein ganz besonderes T-Shirt tragen will. Sie steht wieder auf, geht zu ihrer Schwester ins Nebenzimmer und leiht sich das Kleidungsstück aus.
Die nächste Englischübung wird in Angriff genommen. Gleichzeitig dröhnt ihr Kassettenrecorder, und Susie tüftelt an einem indischen Zauberring herum. Sie guckt auf die Uhr. »Oje, schon 17.30 Uhr, Zeit fürs Volleyballtraining!« Abends muß Susanne unbedingt den Film mit Tom Cruise gucken.
Fazit: Mathematik ist geschafft, Englisch zur Hälfte, aber Deutsch, Biologie und Religion sind auf der Strecke geblieben. Morgen muß Susanne versuchen, noch schnell in der Pause Biologie abzuschreiben. In Deutsch und Religion muß sie es schaffen, sich etwaigen Überprüfungen geschickt zu entziehen. »Wenn bloß kein Test geschrieben wird!« hofft Susanne beim Einschlafen.
So steht Susie fast jeden Tag unter Streß und ihre Leistungen bleiben, wie ihr Klassenlehrer feststellt, »hinter ihren Möglichkeiten zurück«. Ihre Mutter macht sich große Sorgen, hat aber noch zwei Kleinkinder zu versorgen und kann einfach nicht ständig hinter Susanne her sein.

Bedingungen für konzentriertes Arbeiten schaffen!

Susannes Konzentrationsschwäche hat sicherlich konkrete Ursachen. Die Zusammenhänge sind jedoch in der Praxis so vielschichtig und kompliziert, daß kein Ratgeber der Welt mit ein paar Zeilen geniale Lösungsmöglichkeiten anbieten kann. Es ist einstweilen besser, einen »Zappelphilipp« wie Susanne so anzunehmen, wie er oder sie ist. In unserem Fall zum Beispiel weiß Susannes Mutter ganz genau, daß sie selbst unruhig und nervös ist, und daß ihre Tochter mit dieser familiären Hypothek belastet ist. Der Anspruch, das Übel der mangelnden Konzentrationsfähigkeit an der Wurzel zu packen, wird an dieser Stelle also nicht erhoben, wohl aber die Schaffung von Bedingungen vorgeschlagen, die trotzdem zielstrebigeres Arbeiten möglich machen.

Es gilt bei einer »Genialchaotin« wie Susanne, die eigenen Elternnerven zu schonen und den guten Draht zur Tochter nicht durch den täglichen Hausaufgaben-Kleinkrieg zu belasten. Erlegen Sie sich also nicht die Aufgabe auf, Überwachungspersonal zu spielen! Sorgen Sie lieber für einen Rahmen, in dem ablenkungsfreies Arbeiten möglich ist.

Das Kinder- oder Jugendzimmer ist es mit Sicherheit nicht, es sei denn, Sie entfernen alle Unterhaltungselektronik, Spielzeuge, Zeitschriften und sonstige Dinge, die verlockende Aktivitäten verheißen. Schaffen Sie lieber freie Arbeitsfläche in einem Raum, der keinerlei attraktive Nebenbeschäftigung ermöglicht. Wenn es bei Raumknappheit sein muß, kann sogar das Elternschlafzimmer oder ein Kellerraum herhalten. Auch das Telefon muß außen vor bleiben.

Eine Struktur für kleine Chaoten

Vereinbaren Sie zusätzlich feste, unbedingt einzuhaltende Hausaufgabenzeiten und Riten, die den kleinen Chaoten Halt und Struktur geben. Mit Belohnungen, wenn das flüssige Arbeiten am Schreibtisch geklappt hat, verstärken Sie, ähnlich wie beim Träumer, die Arbeitseinstellung. Kalkulieren Sie dabei realistisch ein, daß die Konzentrationsphase bei Ihrem Kind unter Umständen nicht mehr als 10 Minuten betragen kann, und erlauben Sie Ihrem Kind dann kleine Pausen zwischendurch, allerdings ohne erneute Ablenkungsmöglichkeiten. Bringen Sie ihm zum Beispiel einen Apfel als Pausenfüller herein, und ermutigen Sie Ihren Zappelphilipp für die nächste Arbeitsphase. Solche kleinen Verstärker mögen etwas dressurhaft anmuten, wirken aber mit Sicherheit und bringen eine sinnvolle Einteilung der sonst so zerfaserten Arbeitszeit.

Vorschnelle Schluderer

Anders als die kleinen Träumer oder die Konzentrationsschwachen will die nächste Gruppe überhaupt keine Mitarbeit der Eltern bei den Hausaufgaben. Im Gegenteil, Bücher, Hefte und Werkstücke werden eher aus dem Blickfeld der Eltern entfernt und das mit gutem Grund, wie Björns Beispiel zeigt:

Er lebte ausschließlich für den Fußball. Im Trikot der B-Jugendmannschaft seines Dorfvereins fühlte Björn sich deutlich wohler als in der Klasse 6 des Gymnasiums in der Kleinstadt. Björn selbst wäre viel lieber auf die Realschule gegangen, wie die meisten Jungs aus seiner Mannschaft. Aber sein Vater wollte unbedingt, daß Björn Abitur machte. »Die Schulleistungen sind nicht brillant, aber für durchschnittliche Noten am Gymnasium müßte es reichen«, meinte schon die Grundschullehrerin. »Björn muß sich allerdings anstrengen, wenn er es schaffen will«, hatte sie hinzugefügt.

Wie viele gute SportlerInnen hatte Björn ein ausgeprägtes Bewegungsbedürfnis, und es war kein Wunder, daß er nach der Schule so schnell wie möglich alle lästigen Schulpflichten hinter sich bringen wollte, um auf den Sportplatz zu verschwinden. Er knallte die Schultasche auf den Schreibtisch, zog die Bücher und Hefte heraus und schmierte alle Aufgaben in Rekordzeit hin. »Endlich fertig!« jubelte er, schloß seine Schultasche zu und war bis zum Abend verschwunden. »Der Junge ist so selbständig« freute sich seine Mutter.

Erst beim Elternsprechtag erfuhr sie den Grund für Björns fixe Erledigung der Hausaufgaben. Sie waren nicht nur rein äußerlich eine Zumutung, sondern wimmelten von Fehlern. Vollständig waren sie auch nur selten. »Björn arbeitet nach dem Minimalprinzip«, sagte sein Klassenlehrer, »aber dafür ist er nicht begabt genug. Er muß mehr Zeit investieren und gründlicher lernen und arbeiten, sonst schafft er es nicht.«

Ein neuer Tagesrhythmus

Der Schulprofi empfiehlt Björn, seinen Tagesrhythmus anders zu gestalten. Nach dem Essen muß ein bewegungshungriger junger Wilder wie Börn sich erst einmal austoben können. Danach sollte seine Mutter eine feste Zeit vereinbaren, zu der er nach Hause kommt und nur für die Hausaufgaben zur Verfügung steht. Gegen 17 Uhr erreichen die meisten Erwachsenen und Kinder noch ein kleines Konzentrationshoch, in dem sie leistungsfähiger sind als nach dem Essen oder am Abend.

Selbständigkeit und Lob

Björns Mutter sollte nicht an seiner Selbständigkeit bei den Aufgaben rütteln, aber die Hefte mit ihm gemeinsam nachgucken, wenn er fertig ist. Björns erfreulicher Hang zur Eigenverantwortung ist im Prinzip eine wertvolle Eigenschaft für GymnasiastInnen, die nicht in Frage gestellt werden darf.

Auf gar keinen Fall darf ihm diese Tagesphase also »vermiest« werden. Björn muß die Hausaufgabenstunden mit etwas Erfreulichem verbinden. Björn zu loben, wenn er seine Aufgaben tatsächlich in akzeptabler Form hinbekommen hat, ist wichtiger, als ihn zum Beispiel alles noch einmal machen zu lassen. Überlassen Sie als Eltern diesen Streß getrost den LehrerInnen. Verstärken Sie lieber jeden kleinen positiven Ansatz durch Anerkennung und Belohnung.

Auch wenn es sich bei den verschieden gelagerten Hausaufgabenproblemen wiederholt: Entscheidend ist die feste Verankerung der Arbeitsphase in den Tagesablauf. Ähnlich wie das Zähneputzen sollte sie trainiert werden und als selbstverständlich gelten. Dann besteht die Chance, daß Ihr Sohn oder Ihre Tochter in schwierigen, chaotischen Entwicklungsphasen zumindest dieses Skelett an Minimalpflichten beibehält.

Immer wieder: Hausaufgabenzeit als festes Ritual

Vor-sich-her-Schieber

Diese Basisregel gilt auch für die nächste Gruppe: die »Vor-sich-her-Schieber«.

»Hast Du die Aufgaben jetzt endlich gemacht?« fragte Herr Sandmann mindestens fünfmal am Nachmittag. Die Standardantwort seines Sohnes Thomas lautete: »Ja gleich!« Es war jeden Tag dasselbe Spiel. Herr Sandmann hielt es fast nicht mehr aus und verlor immer öfter die Nerven. »Herrgott noch mal, Thomas, jetzt fang' endlich an.« Manchmal war es schon 20.30 Uhr, bevor Thomas sich schließlich aufraffte. Um 21 Uhr mußte er im Bett sein, da war sein alleinerziehender Vater eisern. In der verbleibenden halben Stunde schrieb Thomas dann die Aufgaben so schnell wie möglich herunter.
Thomas wurde von seinen Lehrern als überdurchschnittlich eingestuft, konnte aber die in ihn gesetzten Erwartungen nicht erfüllen. »Eine merkwürdige Mischung von Ehrgeiz und Faulheit« diagnostizierte Klassenlehrer Wolber. »Wenn Thomas anständig arbeiten und sich besser vorbereiten würde, könnte er zu den Spitzen in meiner Klasse zählen.«
Thomas selbst litt am meisten unter seinem Verhalten. Statt am Nachmittag interessanten Aktivitäten nachzugehen, schlich er in der Wohnung herum, las lustlos in Zeitschriften und schaltete den Ferseher an und aus. Er verlor unendlich viel sinnlos vertane Zeit, weil er die Arbeit vor sich herschob und einfach nicht anfangen konnte.

Manchmal sind Schüler schlicht mit den Hausaufgaben überfordert, wenn sie nicht anfangen mögen. Sehr häufig aber liegt der Grund wie bei Thomas in einem anderen Problem. Thomas, der Ehrgeizige, stellt zu hohe Anforderungen an sich selbst. Wenn er zum Beispiel einen Sachtext für Deutsch schreiben muß, dann will er immer etwas ganz Besonderes produzieren. Jede Leistung, die er erbringt, muß absolut perfekt und mit »sehr gut« zu benoten sein. Leider ist Thomas aber nicht so ein genialer Überflieger, daß er diesen Anspruch immer einlösen kann. Wenn seine Arbeit kritisiert oder nur als mittelmäßig beurteilt wird, ist er niedergeschmettert. Er schafft es einfach nicht, locker an die Aufgaben heranzuge-

Zu hohe Anforderungen an die Leistung

hen, da seine Gedanken schon im Vorfeld um die mögliche Bewertung kreisen.

Die heimliche Funktion des Vor-sich-her-Schiebens

Wahrscheinlich liegt der verborgene Sinn des Vor-sich-her-Schiebens darin, daß Thomas schließlich unter Zeitdruck gerät und so seinem Perfektionismus nicht mehr gerecht werden kann. Unbewußt hat er eine Entschuldigung gewonnen, um nur noch Mittelmäßiges produzieren zu können.

Blockaden

Diese Art von Blockade ist auch vielen Erwachsenen vertraut, deren Ansprüche an sich selbst so überzogen sind, daß sie gar nicht erst anfangen mögen. Warum sie so viel von sich fordern und dann so wenig zustande bringen, kann verschiedene Gründe haben.

Bei Thomas können die Erwartungen des Vaters eine Rolle spielen, der sich von seinem Sprößling die Leistungen erhofft, die er selbst nie erbringen konnte. Herr Sandmann müßte Abstriche machen und seinen Sohn nicht immer nur mit der Leistungsbrille wahrnehmen.

Wichtig für Thomas wäre auch, daß sein Selbstwertgefühl nicht mehr so ausschließlich durch die Schulleistungen bestimmt ist. Erfolge auf anderen Gebieten, zum Beispiel Sport, oder bei seinen Hobbys und im Umgang mit Mädchen sind für ihn wichtig, damit er lockerer und unbelastet an die Schularbeit gehen kann.

Vor-sich-her-Schieber haben immer eine Blockade, die verhindert, daß sie innerlich frei an die Aufgaben gehen. Versuchen Sie als Eltern, den jeweiligen Grund herauszufinden und Abhilfe zu schaffen. Sie können versuchen, den heiklen Punkt »Anfangen« durch Ermutigung und Hilfestellung gemeinsam mit Ihrem Sohn oder mit Ihrer Tocher zu überwinden. Der Schulprofi rät aber zu Vorsicht, denn so entsteht leicht eine Abhängigkeit, die Sie als Eltern wieder zu ständigen Hilfslehrern macht.

Eine Maßnahme sollten Sie aber auf gar keinen Fall anwenden: Noch mehr Leistungsdruck auszuüben.

6. Nachhilfe – das heimliche Schulgeld

Fragwürdiger »Bildungsreparaturdienst«

Politiker rühmen gerne das staatliche deutsche Schulsystem: Kostenlos für alle, unabhängig von der sozialen Stellung der Eltern, aber dennoch mit hohem Niveau verwirkliche es ein Stück Chancengleichheit.

Dabei blenden sie gerne aus, daß sich längst eine pädagogische »Grauzone« (Behr 1990) neben dem staatlichen Schulwesen etabliert hat: Der private Nachhilfemarkt.

Untersuchungen der Universität Bielefeld berechnen Elternkosten von ca. 1,5 Milliarden DM pro Jahr und kommen zu dem Schluß, daß es sich um einen »politisch unkontrollierten Bildungsreparaturdienst« (Hurrelmann) handelt.

Nachhilfe als Grauzone des Bildungsbetriebes

Tatsächlich belegen die interessanten Forschungen zum Thema Nachhilfe, daß immerhin 46% aller GymnasiastInnen schon einmal Nachhilfe erhalten haben (Behr 1990). Im Durchschnitt wird jeder zehnte Pennäler zusätzlich zum Unterricht durch private Nachhilfestunden gefördert.

Fast die Hälfte schafft's nicht ohne

Mathematik und Englisch sind die Spitzenreiter unter den Nachhilfefächern. Ab Jahrgangsstufe 8 nimmt nicht selten die Hälfte einer Gymnasialklasse Nachhilfe im Stolperfach Mathe.

Stolpersteine: Mathematik und Englisch

Offenbar gibt es im Schülerdasein auch Phasen, in denen der Nachhilfebedarf besonders groß ist: In den Anfangsklassen, wenn der Wechsel von der Grundschule aufs Gymnasium nicht klappt,

Nachhilfephasen

und in Klasse 10, in der noch einmal im Hinblick auf die Oberstufe »gesiebt wird,« und 31 % der Schüler im Privatunterricht büffeln.

Kosten Eltern von Sitzenbleibern werden mitgestraft, denn sie investieren doppelt so häufig Geld in Nachhilfeunterricht für ihre Sprößlinge wie die Eltern der anderen SchülerInnen. Und diese Zukunftsinvestition ist nicht billig: Eine Untersuchung an Schulen im Ruhrgebiet ermittelte 1990 ein Durchschnittshonorar von 16,91 DM für eine 45-minütige Unterrichtsstunde. Ein halbes Jahr Nachhilfe, zwei Doppelstunden pro Woche, kostet immerhin ca. 1600 DM.

Heimliches Schulgeld Durch die Hintertür schleicht sich so das längst abgeschaffte Schulgeld in den Bildungsbetrieb wieder ein. Nicht alle Eltern sind zahlungskräftig genug, um das Schulversagen ihrer Tochter oder ihres Sohnes mit dem Portemonnaie aufzufangen. Während potente Eltern es sich leisten können, mit Dauernachhilfe in allen Hauptfächern das gewünschte Abitur zu erkaufen, fällt bei anderen die Entscheidung für einen Schulwechsel auf Real- oder Hauptschule, weil die Familie teure Nachhilfe weder bezahlen will

Adieu Chancengleichheit noch kann. Dieser Wettbewerbsvorteil, der mit Nachhilfeunterricht erkauft werden kann, höhlt die vielgerühmte Chancengleichheit aus und führt zu neuen Ungerechtigkeiten im Bildungssystem.

Nachhilfe als Ware: Private Institute So ist es nicht verwunderlich, daß clevere Anbieter Nachhilfe als Ware kommerziell vermarkten. Nachhilfeinstitute sind wie Pilze aus dem Boden geschossen und dank aggressiver Werbestrategien nicht mehr zu übersehen. Wie bei anderen Produkten auch gibt es einen Verdrängungswettbewerb, beherrschen Ketten ganze Gebiete, und 100.000 DM Jahresgewinn bei einem Privatinstitut mit ca. 100 Schülern sind »drin«. Behrs Untersuchungen von 1990 zeigen jedoch, daß sie nur etwa 6 % des gesamten Nachhilfeunterrichts bestreiten, während privat vermittelte Nachhilfe durch Schüler, Abiturienten, Studenten und Lehrer noch immer den größten Anteil hat. Der Anteil der Institute dürfte in anderen Gebieten aber größer und in den 90er Jahren deutlich gestiegen sein.

Nützt Nachhilfe?

Laut Statistik: Ja! Nachhilfe »bringt's«, belegen die Untersuchungen. Bei einer Dauer von ca. einem halben Jahr verbesserten die SchülerInnen den Wert ihrer Noten immerhin um 1,1. Bei einer schwachen Fünf als Ausgangsbasis ergibt sich zumindest die ersehnte glatte Vier. Am erfolgreichsten erwies sich der Nachhilfeunterricht bei LehrerInnen (Notenverbesserung + 1,3), aber auch SchülerInnen (+ 0,9), AbiturientInnen (+ 1,0) und StudentInnen (+ 0,9) schnitten als Nachhilfelehrer nicht schlecht ab.

Sinnlos bei Dauerüberforderung

Eltern dürfen also von ihrer Geldinvestition keine Wunder erwarten, vor allem keine direkten Notenerfolge. Dauernachhilfe in allen Hauptfächern von Klasse 5 an ist nach Meinung des Schulprofis purer Unsinn, denn sie führt zur vollständigen Verschulung der Freizeit. In einer klaren Überforderungssituation der Kinder ist ein Schlußstrich unter den Gymnasialwahn zu ziehen und der Schulwechsel angesagt!

Wann ist Nachhilfe sinnvoll?

Der Schulprofi empfiehlt Nachhilfe in folgenden Situationen:
1. Bei klar erkennbaren Lücken, die durch Krankheit, Schulwechsel oder begrenzte »Durchhängephasen« entstanden sind.
2. Bei punktuellem Versagen in nur einem Fach. Dieses Fach ist häufig Mathematik. Ein dringender Berufswunsch zum Beispiel sollte nicht an einem einzigen Stolperstein scheitern.
3. Bei Leistungsdefiziten aufgrund seelischer Belastungen zum Beispiel nach einer Scheidung oder Trennung der Eltern.
4. Bei Anfällen plötzlich auftretender »Arbeitsvermeidung«. Nachhilfe kann hier helfen, die Blockaden aufzubrechen, die hinter der scheinbaren Faulheit stecken.

Erfreulicher Nebeneffekt der Nachhilfe

Die Nachhilfe hat häufig einen positiven Nebeneffekt: Die SchülerInnen bekommen durch den intensiven Kontakt mit den NachhilfelehrerInnen einen neuen »Freund« oder eine neue »Freundin«. NachhilfelehrerInnen sind im Schnitt 21 Jahre alt. Sie gehören nicht zur Generation der Eltern und LehrerInnen, die ja gerade in den schwierigen Schülerphasen so heftig abgelehnt wird. Sie gehören aber auch nicht zu den Gleichaltrigen mit ihren oft leistungsfeindlichen Gruppenzwängen. Unbelastet kann sich so ein Nachhilfeschüler mit einer neuen »Figur« identifizieren, die Vorbild werden kann, motiviert und vor allem eines beibringen kann: *Wie man lernt.*

Geeignete NachhilfelehrerInnen und effektive Nachhilfe

Aus den Überlegungen im vorigen Kapitel ergeben sich Mindestanforderungen für die Auswahl der Person des Nachhilfelehrers oder der Nachhilfelehrerin und für die Form des Unterrichts:

Preis/Leistung

Die Nachhelfer müssen qualifiziert sein. Diese Anforderung erfüllen LehrerInnen natürlich am ehesten, ihr Unterricht ist aber auch der teuerste. Gute OberstufenschülerInnen sind preiswerter. Sie sind zwar nicht pädagogisch und didaktisch geschult, kennen aber in der Regel die LehrerInnen der Schule und ihre kleinen Besonderheiten zum Beispiel bei Klassenarbeiten. Meistens hatten diese SchülerInnen gerade in den Stolperfächern Englisch und Mathematik auch dieselben Bücher und Materialien. Sie können so wertvolle Tips weitergeben und sich manchmal sogar auf einen Fundus alter Tests und Klassenarbeiten des Problemlehrers stützen. Dasselbe gilt für Abiturienten oder Studenten. »Ehemalige« sind also die beste Wahl.

1. Wahl: Ehemalige

Vermittlung durch Fachlehrer

Der erste Weg auf der Suche nach NachhilfelehrerInnen ist die Anfrage bei den FachlehrerInnen, bei denen Ihr Kind die jeweiligen Leistungsprobleme hat. Es ist Ihr gutes Recht, daß die LehrerInnen Sie bei Schwächen Ihres Sprößlinges beraten. Die meisten sind auch bereit, sich um NachhilfelehrerInnen unter ihren eigenen Spitzenschülern in der Oberstufe zu bemühen. Gelingt Ihnen dies, haben Sie einen unschätzbaren Vorteil: den Kontakt zwischen NachhilfelehrerInnen und FachlehrerInnen. Zusätzlich entsteht ein gewisser Erfolgszwang. Der vermittelnde Fachlehrer möchte natürlich, daß der Nachhilfelehrer seiner Wahl auch positive Ergebnisse erzielt. Er wird ihr oder ihm kleine Tips geben, welche Schwächen zu bearbeiten sind, und vor Tests und Klassenarbeiten die eine oder andere Andeutung fallen lassen.

Suche im Bekanntenkreis

Klappt es mit dieser Methode nicht, sollten Sie im Bekanntenkreis forschen, ob es dort bereitwillige LehrerInnen oder SpitzenschülerInnen gibt, die in Frage kommen. So haben Sie die Gewähr, daß auch ein persönliches Interesse am Erfolg Ihres Kindes besteht, was bei rein kommerzieller Nachhilfe nicht vorausgesetzt werden kann.

Ein Zettel am schwarzen Brett der Schule ist ein weiterer Weg. Meldet sich ein Interessent, sollten Sie unbedingt bei den LehrerInnen nachfragen, ob der Betreffende auch qualifiziert genug ist.

Zettel am schwarzen Brett

Im Umfeld der Schule selbst auf Suche zu gehen, ist also der beste Weg. Inserate in der Zeitung, die Sie entweder selbst aufgeben oder auf die Sie antworten, sind eine weitere Möglichkeit. Prüfen Sie die Bewerber aber in einem persönlichen Gespräch selbst, und fragen Sie nach ihrer vorherigen Tätigkeit als Nachhilfelehrer und ob sie dort Erkundigungen über die Qualifikation einholen dürfen.

Prüfen Sie unbekannte Bewerber

Ganz wichtig ist auch, daß Ihr Kind den neuen Nachhilfelehrer mag, denn er oder sie soll im Idealfall ja eine neue Bezugsperson werden.

Sympathie zwischen Kind und NachhilfelehrerIn

Der Schulprofi empfiehlt unbedingt Einzelnachhilfe, weil die Kompetenzdefizite des einzelnen nur so gezielt und intensiv bearbeitet werden können. Allenfalls eine Gruppe von SchülerInnen aus der selben Jahrgangsstufe und mit Problemen in denselben Fächern ist vertretbar.

Am effektivsten: Einzelnachhilfe

Als Ort der Nachhilfe empfiehlt der Schulprofi – im Gegensatz zu anderen Ratgebern – Ihre eigene Wohnung, wenn SchülerInnen oder StudentInnen die »Nachhelfer« sind. In der Praxis ist es leider so, daß manche Jugendliche ihre Lehrerrolle nicht allzu ernst nehmen und viel Zeit für nette Gespräche und Blödsinn verschwenden, die Sie teuer bezahlen. Sind Sie in der Wohnung anwesend, haben Sie zumindest eine begrenzte Kontrolle, ob wirklich gearbeitet wird. Sie sollten sich zurückziehen, um das erwünschte Vertrauensverhältnis zwischen Ihrem Kind und dem Nachhilfelehrer oder der Nachhilfelehrerin nicht zu stören. Lassen Sie sich aber am Ende der Stunde die Arbeitsergebnisse zeigen!

Ort der Nachhilfe

Wählen Sie möglichst einen anderen Raum als das Kinderzimmer für die Nachhilfe, damit weniger Ablenkung gegeben ist und der besondere Charakter der teuren Veranstaltungen deutlich wird. Ein kleiner finanzieller Beitrag Ihres Sohnes oder Ihrer Tochter zu den Kosten der Nachhilfe hat einen ähnlichen Effekt.

Verheimlichen Sie den Lehrern auf keinen Fall, daß Ihr Sprößling Nachhilfe bekommt, auch wenn Ihnen das Eingeständnis des

Informieren Sie die LehrerInnen

Schulversagens peinlich sein sollte. Zum einen ist der Kontakt zwischen FachlehrerInnen und NachhilfelehrerInnen für den Erfolg unbedingt notwendig, zum anderen achten gutwillige LehrerInnen stärker auf zu erwartende Leistungsverbesserungen und honorieren sie stärker, um das Kind zu motivieren.

Einen Plan aufstellen

Bitten Sie die NachhilfelehrerInnen, gemeinsam mit den FachlehrerInnen einen gezielten Arbeitsplan aufzustellen, der kurzfristige Vorbereitung auf Tests, Klassenarbeiten etc. verbindet mit langfristiger Aufarbeitung der Lücken. Reine Hausaufgabenerledigung in den Nachhilfestunden bringt nicht viel! Oft ist es eine gute Idee, die in den meisten Fächern verwendeten Arbeitshefte, Workbooks, Cahiers, Übungsteile oder wie sie sonst heißen mögen, noch einmal zu kaufen und die Übungen darin zu wiederholen. So ist gewährleistet, daß auch der richtige Stoff aufgearbeitet wird.

Vater oder Mutter sind als NachhilfelehrerIn ungeeignet

Werfen Sie aber eine Illusion endgültig über Bord: Daß Sie als Mutter oder Vater selbst die Rolle des Nachhilfelehrers auf Dauer spielen können. Sie verschleißen nur Ihre Nerven und setzen das gute Verhältnis zu Ihrem Teenager aufs Spiel.

Mit Vorsicht zu genießen: Private Nachhilfeinstitute

Die eklatantesten Mängel:

Nur wenn Sie auf privater Basis wirklich niemanden finden konnten, sollten Sie sich an einen kommerziellen Anbieter wenden. Zu groß sind die Mängel, die bei vergleichenden Untersuchungen von Nachhilfeinstituten ans Licht kamen:

Räumlichkeiten

Da gibt es schwarze Schafe, die den Unterricht in Wirtshäusern und anderen, wenig geeigneten Räumlichkeiten abhalten.

Qualifikation

Es gibt keine Mindestqualifikation und keine öffentlich-rechtlichen Vorgaben für die LehrerInnen an solchen Instituten. *Jeder* kann ein kommerzielles Nachhilfeunternehmen eröffnen.

Geringe Motivation der Nachhelfer

Das Personal mag mit den häufig vertretenen arbeitslosen LehrerInnen fachlich durchaus qualifiziert sein, jedoch arbeiten die meisten nur mit Einkommen, das unter der sozialversicherungsfreien Grenze liegt. Die LehrerInnen sind daher weitgehend rechtlos, haben mit diesem Job keine dauerhafte Perspektive und sind folglich wenig motiviert.

Pädagogisch sinnlose Gruppen

Der Nachhilfeunterricht oder die übliche Hausaufgabenbetreuung findet meistens in Gruppen statt, nicht selten mit SchülerInnen aus verschiedenen Schularten und Jahrgangsstufen. Sitzen zum Beispiel sechs SchülerInnen mit völlig verschiedenen Hausaufgaben und Schwächen in einem solchen »Kurs«, bleibt den LehrerInnen für die Einzelbetreuung viel zu wenig Zeit. Sie können auf die besonderen Defizite einzelner überhaupt nicht eingehen. Solche Nachhilfe ist angesichts der hohen Kosten schlichter Unsinn.

Knebelverträge

Die meisten Institute haben sogenannte Knebelverträge, das heißt Eltern müssen unterschreiben, daß ihr Kind zum Beispiel mindestens ein Jahr lang den Kurs besucht. Ist der Unterricht schlecht oder wollen Sie aus anderen Gründen mit dem Nachhilfeunterricht aufhören, müssen Sie trotzdem weiterzahlen und das bei vierstelligen Beträgen!

Augenwischerei

Erfolgsgarantien, die die Institute in ihren Werbeschriften versprechen, sind unseriös. Es gibt Gründe für Schulversagen, die überhaupt nicht mit Nachhilfe zu bearbeiten sind, zum Beispiel massive Probleme in der Familie, hirnorganische Störungen oder Autismus usw. Wer Leistungsverbesserung verspricht, macht seine Qualifikation unglaubwürdig. Manche Institute versprechen zum Beispiel, daß sie die Hälfte der Kurskosten zurückerstatten, wenn die SchülerInnen die Nachprüfungen zur Versetzung nicht bestehen. Dabei wissen sie insgeheim ganz genau, daß ohnehin die Hälfte der SchülerInnen diese Nachprüfungen auch ohne Nachhilfe schafft.

Sekten als heimliche Anbieter

Bossmann stellte 1985 fest, daß die Scientology-Sekte private Nachhilfeinstitute betreibt und Schüler dort mit ihren fragwürdigen Inhalten und Methoden vertraut macht.

Verbraucherschutz ABI

Zum Glück hat sich der Verbraucherschutz der Ware Nachhilfe angenommen und den Markt kritisch durchleuchtet. Bei der Aktion Bildungsinformation e.V., Alte Poststr. 5, 70173 Stuttgart, Tel. 0711/299335 können Sie Informationen, »Prüfsteine« für die Auswahl eines Institutes und gezielte Auskünfte über einzelne Privatschulen einholen.

Sprachreisen und andere Auslandsaufenthalte

Hohe Kosten bei professionellen Anbietern

Klappt es in den Fremdsprachen nicht, sind Auslandsaufenthalte eine gute Idee. Der Schulprofi will nicht die Qualität aller gängigen Angebote von Sprachreisen in Frage stellen, die vierstelligen Beträge jedoch, die Sie als Eltern aufbringen müssen, sind nicht unbedingt notwendig. Ähnlich wie bei den kommerziellen Nachhilfeinstituten gibt es aber auch in diesem Markt schwarze Schafe und fragwürdige Praktiken. Die Aktion Bildungsinformation bietet hier ebenfalls Informationen an und erteilt Ihnen Auskunft über die einzelnen Veranstalter.

Auskünfte vorab einholen

Preiswerte und effektivere Alternative

Es gibt viel preiswertere und häufig auch effektivere Lösungen. Nachteil der professionellen Sprachreisen ist neben den hohen Kosten, daß die Jugendlichen immer wieder Kontakt zu ihren deutschen Mitreisenden aufnehmen können, statt sich mit Haut und Haaren den Einheimischen auszusetzen.

Privater Austausch

Wenn Sie in einer Firma beschäftigt sind, die Beziehungen mit England oder Frankreich unterhält, können Sie versuchen, einen Austausch privat zu organisieren. Fragen Sie einfach bei Ihren Kunden oder Auslandsmitarbeitern nach, ob Interesse besteht. Viele englische und französische Familien suchen genau wie Sie nach Austausch ohne große Geldinvestition. Ein weiterer Vorteil ist, daß Sie Informationen über die zukünftigen Gastfamilien und GastschülerInnen einholen können.

Städtepartnerschaft

Eine weitere Möglichkeit eröffnet sich durch die Städtepartnerschaft mit England und Frankreich. Bitten Sie die zuständigen Verwaltungsbeamten oder Ratsmitglieder, ob sie Ihnen bei der Suche nach einem privaten Schüleraustausch behilflich sein können.

Direkte private Kontakte herstellen

Oder: Fahren Sie nach England oder Frankreich in Urlaub und versuchen Sie, dort Kontakte zu knüpfen. Besuchen Sie zum Beispiel einfach eine Schule. In Frankreich beginnen die Sommerferien immer erst Mitte Juli und es gibt vielerorts keine Osterferien mehr. Hängen Sie dort eine Anzeige ans schwarze Brett oder geben Sie eine Anzeige in der örtlichen Tageszeitung auf. Sie können dann die Interessenten besuchen und selbst die Austauschschüler aussuchen.

Klappt es, ist entscheidend, daß keine anderen Kontakte in der Muttersprache möglich sind. Auch wenn es anfangs Heimwehprobleme gibt, Voraussetzung für den Erfolg ist, daß man ganz in die Sprachwirklichkeit des Gastlandes eintaucht.

Ein Jahr an einer amerikanischen High School

Gerade dieses Eintauchen ist wiederum eines der Hauptprobleme bei den beliebten einjährigen Aufenthalten in den USA mit Besuch der amerikanischen High School. Stimmt bei einer so langen Dauer das Verhältnis zur Gastfamilie nicht, kann der Aufenthalt sehr negative Auswirkungen haben. Nicht alle Anbieter wählen ihre Gastfamilien sorgfältig aus.

So kann es zum Beispiel vorkommen, daß ein deutscher Schüler 30 km von seiner Schule entfernt auf einer Farm untergebracht ist, wo er in seiner Freizeit keinen Kontakt zu seinen Mitschülern hat und in Ermangelung öffentlicher Verkehrsmittel festsitzt.

Anders als in ihrer Selbstdarstellung sind die Anbieter solcher Aufenthaltsprogramme keineswegs nur vom Geist der Völkerverständigung beseelt, sondern verdienen harte DM und Dollars mit ihrem Geschäft. Sie schicken seitenlange Fragebögen über die austauschwilligen SchülerInnen, die die deutschen LehrerInnen (natürlich unbezahlt!) ausfüllen dürfen, und erwecken so den Anschein, nur handverlesene AusnahmeschülerInnen kämen in den Genuß ihres Angebotes. So manche deutsche Studienrätin rieb sich erstaunt die Augen, wenn wieder ein Bewerber, dem sie leider ein miserables Gutachten stellen mußte, auf den US-Trip gehen durfte. Es drängt sich die Frage auf, ob manche Anbieter nicht wahllos *jeden* mitnehmen, der bereit ist, die exorbitanten Kosten von 10.000 DM und mehr zu zahlen.

Auch hier: Verbraucherschutzinformation

Auch hier hat die Aktion Bildungsinformation den Markt durchleuchtet und bietet Ihnen sowohl allgemeine Informationen über Studienaufenthalte als auch gezielte Auskünfte über einzelne Veranstalter an.

7. Störungen: Gestörter Unterricht = gestörtes Verhalten?

Mein Kind ist eine Nervensäge und ich bin schuld!

Was haben wir bloß falsch gemacht?

Zu den deprimierendsten Erfahrungen, die Eltern machen können, gehört es, wenn sie zum Klassenlehrer »bestellt« werden und dort die traurige Mitteilung entgegennehmen müssen, daß ihr Kind stört oder gar »gestört« ist. Daß ausgerechnet ihr Kind negativ auffällt, trifft Mütter und Väter an einer ganz empfindlichen Stelle. »Was haben wir nur falsch gemacht?« fragen sie und quälen sich mit Schuldgefühlen.

Vorschnelle Diagnosen bei »Verhaltensstörung«

Antwort auf diese Frage suchen sie bei den zahllosen Psycho-Ratgebern unter Freunden und Verwandten oder in Buchform, und die sind mit Erklärungen schnell bei der Hand. Je nach Standpunkt des Ratgebers liegen die Ursachen für die »Verhaltensstörung« dann in der frühen Kindheit, im Familiensystem, in Ernährung oder Medienkonsum oder gar in hirnorganischen Schäden oder Allergien begründet. Die Eltern verirren sich im Dschungel der Erklärungstheorien und Therapien. Nur eins bleibt bestehen: Das bedrückende Gefühl, als Mutter oder Vater versagt zu haben.

Die üblichen Druckmittel

Noch schlimmer ergeht es den betroffenen Störern oder »Gestörten«. Sie trifft häufig die geballte Enttäuschung und Aggression der Eltern, die beschämt und frustriert zu Hause ihre Gefühle am »mißratenen« Sprößling auslassen. Fußballverbot, Fernsehverbot und sonstige Druckmittel kommen zum Einsatz, um das Verhalten zu bessern. Erfolge stellen sich selten ein.

In aufgeklärteren Familien gehen die Erziehenden subtiler vor. Sie forschen nach Ursachen, verändern das Familienleben oder nehmen aufwendige Psychotherapien in Anspruch. Das fragwürdige Ziel indes bleibt das gleiche: das gestörte Kind muß sich ändern, um sich dem Schulbetrieb anzupassen.

Therapieversuche

Welche Folgen solche Hilfen hinterlassen, zeigt das Beispiel eines kleinen Wirbelwindes, vom Sportlehrer das hundertste Mal ermahnt, endlich ruhig zu sein: »Machen Sie sich nichts draus, Herr Jäger, ich bin ja sowieso verhaltensgestört!« äußert er lakonisch. Dieses – authentische – Beispiel zeigt, wie weit sich ein negatives Selbstbild bei Kindern verfestigen kann, wenn sie ständig unter dem Vorzeichen einer Störung betrachtet und behandelt werden. Schlimmer noch, das neue Selbstbild schafft erst recht Freiräume für unmögliches Verhalten. Die kleinen Chaoten gewinnen so eine Art Freibrief für fortgesetzte Auffälligkeit.

Die möglichen Folgeschäden

Der Schulprofi möchte solche negativen Folgeerscheinungen verhindern und schlägt Ihnen deshalb einen ganz anderen Zugang zum Problembereich »Verhaltensstörung« vor. Er vertritt folgende Auffassung:

Fünf Thesen für einen hilfreichen Zugang

1. »Verhaltensstörung« ist ein überzogener Begriff. Er wird viel zu oft angewendet, wenn es in Wirklichkeit nur um Verhalten geht, das den reibungslosen Ablauf des Unterrichts stört. Das betroffene Kind verhält sich lediglich anders, als von den LehrerInnen erwartet, ist aber deshalb nicht als negativ, sein Verhalten nicht als dysfunktional zu begreifen.
2. Es gibt keine simplen Ursache-Wirkung-Schemata, um überzeugend zu erklären, warum ein Kind sich auffällig verhält.
3. Die Schuldgefühle der Eltern sind sinnlos und schaden der Familie.
4. Wird ein Kind erst einmal als »gestört« etikettiert, verfestigt sich das unerwünschte Verhalten erst recht und kann zur Dauerrolle werden.
5. Therapieversuche, die nur darauf abzielen, das negative Verhalten der SchülerInnen abzustellen, sind oft fragwürdig. Gelassenheit und Vertrauen in eine positive Entwicklung bringen mehr.

Schluß mit den Schuldgefühlen!

Beispiel »Fuzzy« der »Hyperaktive«

Die größte Belastung im grauen Alltag der Gymnasiallehrer sind SchülerInnen, die durch ihre ständige Unruhe und Zappeligkeit den Unterricht stören. Ihrer überquellenden Energie haben die gestreßten Lehrkräfte gerade in der fünften und sechsten Stunde kaum noch genügend Nervenstärke entgegenzusetzen. Kein Wunder also, daß die Mütter und Väter solcher, gern als »hyperaktiv« eingestufter, Kinder sich ständig in den Sprechstunden der LehrerInnen wiederfinden.

Am Beispiel von Florian, genannt »Fuzzy«, wird beschrieben, wie es den Eltern in der Praxis ergeht, warum Schuldgefühle sinnlos und schädlich sind und wie mit dem Problem »Störung« anders und besser umzugehen ist.

In jeder Klasse gibt es einen »Fuzzy«: Ein bißchen dick, immer unter Dampf, Schweißperlen auf der Stirn, feuchte Hände und ständig in Aktion. Wie ein Flummiball taucht er unerwartet überall auf, »titscht« durch die Klasse und prallt mit allem und jedem zusammen. Im Unterricht liegt seine Aufmerksamkeitsphase bei ca. 90 Sekunden, dann muß eine Abwechslung her. Alles weckt Fuzzys Interesse. Mundwerk und Extremitäten stehen nie still. Im »Struwwelpeter« hat Hoffmann für dieses Verhalten den anschaulichen Begriff »Zappelphilipp« geprägt.

Die Eltern solcher Kinder sind genauso »gestraft« wie die LehrerInnen, denn zu Hause sorgen diese Energiebündel für den gleichen Wirbel wie in der Schule. Fuzzys Mutter, Frau Furler, ist wirklich nicht zu beneiden, denn die Klagen über das Verhalten ihres Sohnes gehören zu ihrem Alltag und begannen bereits im Kindergarten. Mindestens einmal im Monat begibt sie sich zu einem Gespräch mit den verschiedenen Lehrkräften, die Fuzzys Verhalten gerade besonders nervt.

Diese Gespräche nehmen einen eigentümlichen Verlauf. Jeder Pädagoge versucht, einen Grund für Fuzzys überdrehtes Verhalten zu finden. Mal ist es der »überstarke Vater im Kontrast zur allzu sanften Mutter«, ein anderer ist überzeugt, daß Fuzzys Verhalten in seinen langen Krankenhausaufenthalten nach der Geburt begründet ist. Die neue Klassenlehrerin glaubt eher an allergische Reaktionen auf Phosphor in Lebensmitteln wie Cola, Fritten und in anderem »Junk food«. Ihre Vorgängerin hingegen war eine Vertreterin des MCD-Syndroms, das heißt einer minimalen zerebralen Dysfunktion, und führte also Fuzzys Verhalten auf eine leichte Hirnstörung zurück.

Fuzzys Oma hingegen behauptet steif und fest, daß sein Vater seinerzeit genauso zappelig war und in der Schule ständig Prügel vom Lehrer bezogen hat. Spielt die Vererbung doch eine Rolle?

Für Fuzzys Mathelehrer allerdings ist die Sache ganz klar: Reizüberflutung durch die elektronischen Medien. »Schaffen Sie einfach den Fernseher ab, werfen Sie Gameboy und Walkman weg, und Sie werden sehen, daß Fuzzy wieder ruhiger wird.«

Ratlos und bedrückt wandte Frau Furler sich schließlich an die Schulpsychologin, Frau Buchwald-Ruhland. In drei diagnostischen Sitzungen mit Fuzzy, seiner Klassenlehrerin und bei Unterrichtsbesuchen hatte sie eine »Kontaktstörung im Zusammenspiel von Schülern und Lehrern« ausgemacht. Es gelte, den Umgang miteinander zu beobachten und zu verändern. »Kokolores« war der Kommentar der Klassenlehrerin zu dieser Lösung, denn sie glaubte ja an die Phosphor-Allergie. »Es gibt schon einen Interessenverband betroffener Eltern. Setzen Sie sich doch mal mit dieser Phosphor-Liga in Verbindung«, riet sie Frau Furler statt dessen.

Das letzte Gespräch mit Fuzzys Biologielehrerin brachte immerhin die Erkenntnis, daß nicht eine Ursache allein, sondern die Kombination vieler Faktoren zu Fuzzys flippigem Verhalten führt.

Frau Furler steht kurz vor dem Nervenzusammenbruch. Wieder einmal ist ein Versuch gescheitert, Fuzzy Fernsehen und Cola zu verbieten. »Als Mutter habe ich glatt versagt, den falschen Vater ausgewählt, ein Monster in die Welt gesetzt, es falsch ernährt und falsch erzogen«, denkt sie gequält. »Soll ich es doch mit der Langzeittherapie versuchen oder mal Fuzzys Hirnströme messen lassen?«

Letztes Mittel gegen ihre Verzweiflung ist das Joggen. Beim Lauftreff unterhält sie sich mit der netten 65jährigen Joggerin aus Schweden und schüttet ihr das Herz aus. »Ich weiß nicht mehr , was ich noch mit Fuzzy machen soll. Ich habe alles vermasselt«, stöhnt sie und bekommt dann, nach sieben Jahren fruchtloser Ursachensuche und Bekämpfung den ersten wirklich hilfreichen Rat: »Welcher Dummkopf sagt eigentlich, daß Sie als Mutter für all das verantwortlich sind?«

Entlastung als erster Schritt

Die Joggerin hat recht. Die quälenden Selbstvorwürfe der Mutter sind sinnlos und helfen Fuzzy nicht weiter. Im Gegenteil, Mütter wie Frau Furler brauchen endlich Entlastung, um ihre Kinder überhaupt wieder positiv wahrzunehmen. Die unnötige und verwirrende Problematisierung des Verhaltens war für Fuzzy und seine Familie nicht konstruktiv und brachte keine Lösung.

Wunschdenken und Wirklichkeit

Natürlich ist unbestritten, daß Kinder wie Fuzzy auch Opfer der nachgewiesenen Schäden der Unterhaltungselektronik sind. Sicher wäre Fuzzy ruhiger, wenn er in einer fernseh- und gameboyfreien Umgebung aufwüchse. In der Praxis ist es aber fast unmöglich, Kinder jenseits der Medienrealität großzuziehen. Ruhigstellung auf diesem Wege ist also eher Wunschdenken, wie die vielen Besuchskinder aus Familien ohne Fernseher vor den Geräten der

Freunde mit Fernseherlaubnis zeigen. Frau Furler überfordert sich einfach, wenn sie ihrem Fuzzy plötzlich realitätsferne Verbote auferlegt. Das gleiche gilt für Diätversuche mit phosphorfreier Ernährung.

Bevor Sie es mit einer Therapie versuchen...

Beziehungsprobleme in der Familie oder traumatische Erlebnisse in der Kindheit wie die Krankenhausaufenthalte bei Fuzzy *können* für eine Hyperaktivität verantwortlich sein. Der überstarke Vater in Kombination mit der allzu behütenden Mutter *kann* eine Hypothek für die Entwicklung des Sohnes gewesen sein. Niemand vermag jedoch zu erklären, warum es immer wieder unproblematische, »geratene« Kinder aus haarsträubenden familiären Verhältnissen gibt. Wie kann es angehen, daß zwei Brüder aus ein und derselben Familie sich völlig gegensätzlich entwickeln, der eine zum sympathischen Erfolgsgymnasiasten, der andere zur lernschwachen Nervensäge? Einfache Ursache-Wirkungs-Modelle greifen also nicht, und Eltern, die eine Verhaltensstörung ihres Sohnes oder ihrer Tochter im Rahmen einer Familien- oder Einzeltherapie bearbeiten wollen, sollten bedenken, ob der Aufwand und die möglichen Folgen wirklich der Tragweite der sogenannten Störung entsprechen.

Mögliche schädliche Nebenwirkungen

Eine Therapie würde Fuzzy zum »Fall« machen und zunächst dazu führen, daß Fuzzy sich als irgendwie krank wahrnimmt. Er würde in verwirrende Selbstreflexion und in eine Mit-mir-stimmt-etwas-nicht-Haltung gestürzt. Leider ist es in der harten Schulrealität so, daß die SchülerInnen nicht gerade zartfühlend miteinander umgehen, auch wenn die LehrerInnen ihr Bestes versuchen. »Der ist bekloppt«, heißt es, wenn bei den SchülerInnen bekannt wird, daß jemand psychologisch betreut wird. So ein Etikett verpaßt zu bekommen, kann schlimme Folgen haben: Menschen, denen bestimmte Eigenschaften zugeschrieben werden, verhalten sich oft genauso, wie die Umgebung es offenbar von ihnen erwartet. »Ich bin sowieso verhaltensgestört« ist ein schweres Stigma und könnte im Fall Fuzzy dazu führen, daß er nun völlig in die Rolle des Klassenchaoten gedrängt wird.

Um Mißverständnissen vorzubeugen: In Fällen wie Fuzzy, die es in fast jeder Klasse gibt, geht es nicht um schwere neurotische oder psychotische Störungen, die bei Kindern auftreten können. Selbstverständlich ist psychiatrische oder psychotherapeutische Behandlung bei solchen seelischen Erkrankungen unerläßlich.

Fuzzys jedoch sind Zeitgenossen, die es immer geben wird und deren Verhalten vor allem Erwachsene nervt, die aber nicht ausgeprägt krankhaft sind. Es ist vielmehr interessant, das Verhalten daraufhin zu untersuchen, welche Funktion es *positiv* gesehen erfüllt. Fuzzy besitzt – in diesem freundlichen Licht betrachtet – plötzlich ungeheure motorische Energie. Er ist ein quirliger Sportler, besonders kontaktbegabt, kommunikativ und neugierig. Er hat aber das Pech, gerade eine Institution zu durchlaufen, in der diese Eigenschaften so nicht gefragt sind. Das Gymnasium verlangt nun einmal Stillsitzen, lange Phasen der stillen Konzentration ohne Kontaktaufnahme mit anderen. Schlechte Karten für Fuzzy in der Schule, aber gute Karten in einem anderen Rahmen. Fuzzy als quirliger Reiseleiter oder als hektischer Börsianer ist durchaus vorstellbar. Hier kämen seine am Gymnasium unerwünschten Eigenschaften positiv zur Geltung.

Wirklich hilfreich: der positive Zugang

Für Fuzzy und seine Eltern ist es viel hilfreicher, die positiven Seiten wieder stärker wahrzunehmen, statt ständig an seinen Fehlern herumzudoktern. Fuzzys haben in einer sozialen Gruppe ihren Platz und können ihre Stärken einbringen. Was *gut* läuft, muß zunächst verstärkt werden. Im Unterricht könnte Fuzzy als »Kommunikationswunder« so zum Beispiel in bestimmten Formen der Gruppenarbeit eingesetzt und gelobt werden. Im Sport kann seine unermüdliche Energie für das Team nutzbar gemacht werden.

Verstärken, was gut läuft

Die nervenaufreibenden Seiten hinnehmen, Fuzzy so zu akzeptieren, wie er nun einmal ist, ist Ihre Aufgabe als Eltern. Vor allem eines müssen Mütter und Väter, auch als Gegenpol zur Abwertung in der Schule, leisten: sie müssen Vertrauen in eine positive Entwicklung ihres Kindes vermitteln. Es sind immer wieder nur Entwicklungsphasen, in denen sich Verhaltensauffälligkeiten bemerkbar machen.

Das Wichtigste: Vertrauen in eine positive Entwicklung

Erfahrene LehrerInnen bestätigen denn auch, daß hyperaktive SchülerInnen spätestens ab Klasse 10 ruhiger werden, vorausgesetzt man läßt sie in Ruhe und gibt ihnen Raum.

Tips für den Alltag

Viel mehr Gelassenheit empfiehlt der Schulprofi. Für die Bewältigung des Alltags mit hyperaktiven Kindern ist es gleichzeitig wichtig, ihre Energie sinnvoll zu kanalisieren. Großen Erfolg und viel Selbstvertrauen könnte sich unser Fuzzy zum Beispiel durch Schlagzeugunterricht, Ausdauersport, Karate, Fußballspielen und anderes erwerben.

Dennoch: Grenzen setzen

Daß seinem Verhalten Grenzen gesetzt werden müssen, ist unumgänglich, denn Fuzzys Verhalten, seine Störmanöver, haben ja auch unsoziale, egoistische Züge. Sie hindern die anderen SchülerInnen am Lernerfolg. Er muß lernen, daß er sich an Regeln halten muß. Wehren Sie sich aber dagegen, wenn die LehrerInnen es mit Nachsitzen, Strafarbeiten oder anderen gängigen Zuchtmitteln versuchen, die noch mehr Stillsitzen abverlangen. Besser wäre zum Beispiel Einsatz beim Hausmeister am Nachmittag zum Laubharken oder bei Reparaturen. Die kleinen Nervensägen könnten zu Laufarbeiten aller Art eingeteilt werden, bei denen ihre Aktivität endlich sinnvoll und für die Gruppe nützlich ist.

An welchem Lehrernerv sägt mein Kind? Gängige Verhaltensauffälligkeiten und Lösungsmöglichkeiten

Dieses Kapitel konzentriert sich auf Verhaltensauffälligkeiten, die unmittelbar mit der Schule in Verbindung stehen. Bewußt ausgeklammert werden an dieser Stelle Symptome wie Magersucht, Eß-Brechsucht, Kleptomanie und ähnliches, weil sie ernst zu nehmende Ursachen haben, die meistens nicht unmittelbar mit dem Geschehen im Unterricht zu tun haben.

Verhalten »sehr gut«?

Daß die LehrerInnen oft dann von Verhaltensstörungen sprechen, wenn es eigentlich um die Störung des Unterrichts geht, beweist die Tatsache, daß Eltern von sehr zurückgezogenen, kontaktarmen Kindern nur ganz selten zum Gespräch gebeten werden. Die SchülerInnen sind unauffällig, gelten als lieb und halten den Mund, dabei geben sie ganz objektiv gesehen viel mehr Anlaß zur Sorge als besonders aktive Störer. In Bundesländern, wo es noch Betragensnoten gibt, wird diesen SchülerInnen sogar auffallend oft das Verhaltensprädikat »sehr gut« verliehen.

Das Prädikat »unbefriedigend« auf dem Zeugnis und das Etikett »verhaltensgestört« wird dagegen besonders gerne angewandt, wenn anstrengende SchülerInnen das Konzept des Unterrichtenden stören, rebellisch sind oder einfach die Anweisungen der LehrerInnen nicht befolgen.

Schüler, die den Unterricht stören

»Destruktiv« heißt es schnell, wenn SchülerInnen kaputtmachen, was die LehrerInnen so schön geplant haben. Solche Zeitgenossen treffen den Lehrernerv besonders empfindlich, denn zur Vorstellung einer gelungenen Unterrichtsstunde gehört nach ihrer Auffassung, daß alles nach Plan abläuft.
Lernziele, Unterrichtsschritte und selbst das Schülerverhalten sind Teil der planvollen Unterrichtsvorbereitung. So wird es in der Lehrerausbildung vermittelt und LehrerInnen werden unter anderem nach diesen Kriterien beurteilt.

Nicht alles ist gleich destruktiv

Zwar heißt es im Pflichtfach Methodik, daß gute LehrerInnen vom Plan abweichen und auf Unvorhergesehenes eingehen sollen, wenn unerwartete Schülerreaktionen erfolgen – in der Praxis jedoch kann sich kaum ein Pauker solche Abwege leisten. Der Test für die nächste Stunde ist schon abgezogen und kann nicht verschoben werden. Der Film, der gezeigt werden sollte, muß noch am selben Tag zurückgegeben werden usw. Die erschlagenden Sachzwänge am Gymnasium, der überfrachtete Lehrplan, zwingen einfach zu stringenter Planung. Kein Wunder also, daß die meisten StudienrätInnnen auf »Destruktive« allergisch reagieren.

Zu viele Sachzwänge am Gymnasium

Das ist schade, denn zum Teil sind es besonders kreative, einfallsreiche SchülerInnen, die schon weiter gedacht haben als andere oder einfach bessere Vorschläge einbringen wollen. In anderen Unterrichtsformen als dem gängigen Frontalunterricht, zum Beispiel in Planspielen, sind solche Kinder ein Gewinn, denn sie denken und handeln selbständig. Ihr auffälliges Verhalten, das im konventionellen Unterricht nur stört, ist plötzlich erwünscht.
Viele Lehrkräfte haben erkannt, daß ihre »Kundschaft« sich verändert hat, und geben solchen Kindern mehr Raum, auch wenn sie zugegebenermaßen anstrengender sind als brave, mausgraue Mitläufer.

Kreative »Störer«

Destruktive Störer

Es gibt aber auch SchülerInnen, die planlos »kaputtmachen«, ohne konstruktive Gegenvorschläge einzubringen. Das Verhalten solcher destruktiver Störer hat ganz andere Motive. Am Beispiel von Dirk soll die Problematik näher beleuchtet werden:

Dirk brachte seine LehrerInnen zur Raserei, indem er alles ins Lächerliche zog oder abblockte, was sie in mühevoller Vorbereitung ausgeheckt hatten, um den Unterricht für alle interessanter zu machen:
Der junge engagierte Religionspädagoge zum Beispiel bringt eine wunderschöne Rose mit in den Unterricht. Er möchte die SchülerInnen mit Hilfe einer kleinen Meditation zum Thema »Schöpfung« hinführen und benutzt die Rose als anschaulichen Einstieg. »Bitte konzentriert Euch auf diese Rose, beobachtet genau, was Ihr seht und laßt dann Euren Gedanken freien Lauf!« fordert er die Klasse auf.
»Da kriecht eine Blattlaus!« ruft Dirk in die Stille hinein. Alle kichern los und das schöne Einstiegskonzept ist dahin.
Diese Einlage hatte wenigstens noch einen gewissen Unterhaltungswert. Richtig unangenehm wird Dirk in der folgenden Stunde, als es um die Ziele der geplanten Klassenfahrt geht. Frau Nadler, die Klassenlehrerin, stellt drei Fahrtziele vor, die sie mit viel Aufwand alle vorher be- und untersucht hatte. »Ist doch alles öde!« reagiert Dirk. »Was sollen wir denn da? Wollen Sie etwa wieder mit uns wandern?«
Frau Nadler, deren Nervenkostüm in der sechsten Stunde nicht mehr ganz knitterfrei ist, regt sich furchtbar auf. Frustriert droht sie an, auf die Klassenfahrt zu verzichten. »Sucht euch doch einen anderen Dummen, der mit euch fahren will!« schreit sie.
Nur den Beschwichtigungsversuchen Melanies, der Klassensprecherin, ist es zu verdanken, daß Frau Nadler der Klasse schließlich doch noch eine Chance gibt. Melanie und ihre Clique sagen Dirk auf dem Schulhof die Meinung. »Blöder Großkotz« ist eine der harmloseren Beschimpfungen.

Ob es die Spielregeln beim Hockey waren, die Dirk ignorierte, ob es der Popsong in Englisch war, den Dirk nicht mitsang und statt dessen Grimassen schnitt, er verstand es, alles kaputtzumachen, was andere sich ausgedacht hatten und was ihnen Spaß machte. »Ihr Sohn ist destruktiv« mußten Dirks Eltern sich anhören, als Frau Nadler sie zum Gespräch bat.
Sie hatten Glück, denn statt nun peinliche Ursachenforschung im familiären Bereich zu betreiben, hatte die Klassenlehrerin gleich einen konstruktiven Lösungsvorschlag. Frau Nadler durchschaute die heimliche Funktion von Dirks auffälligem Verhalten. Er wollte einfach die Aufmerksamkeit der Klasse auf sich ziehen, im falschen Glauben, daß die anderen ihn für besonders mutig hielten, wenn er das Konzept der LehrerInnen durchkreuzte. Es ging ihm auch darum, eigene Führungsqualitäten zu beweisen, die die Klasse ansonsten ignorierte.
»Es hat keinen Zweck, ihn zu Hause für sein peinliches Verhalten zur Rechenschaft zu ziehen. Was Dirk vor allem braucht, ist Bestätigung und Anerkennung«, riet Frau Nadler den Eltern. »Ich möchte Dirk gerne eine Aufgabe übertragen, bei der er beweisen muß, daß er selbst etwas planen

und durchführen kann und endlich von seiner negativen Kaputtmacher-Rolle wegkommt. Er soll die nächste Grillfete der Klasse planen, und ich wäre Ihnen dankbar, wenn Sie ihn dabei ein bißchen unterstützen.«

Die Eltern waren froh, daß die Klassenlehrerin so lösungsorientiert vorging und halfen Dirk bei der Vorbereitung. Dirk mußte sich jetzt selbst allerlei Destruktives anhören. »Blöde Rindswürstchen«, »Warum ist keine Diät-Cola da?« meckerten einige Klassenkameraden, die unbewußt in Dirks alte Rolle schlüpfen. Dirk setzte sich zur Wehr: »Kauf dir deine Würstchen demnächst selbst!« und »Diät-Cola nützt bei deiner Figur auch nichts mehr!« schlug Dirk zurück.

Frau Nadlers pädagogische Maßnahmen trugen Früchte. Zwar wandelte Dirk sich nicht über Nacht in einen angepaßten Ja-Sager, aber er erfuhr Bestätigung und fühlt sich jetzt mehr für das Gemeinwohl der Klasse verantwortlich. Seine Rolle als unangenehmer Querdenker wird er wahrscheinlich nie ganz ablegen, aber inwieweit dieser Zug sich bei Dirk verstärkt und verfestigt, kann durch die Schule geprägt werden.

Bestätigung und Anerkennung

Wichtig für solche destruktiven Störer ist, daß die versteckte Botschaft in ihrem Verhalten erkannt wird und sie sich in der Klasse und auch zu Hause angenommen fühlen.

Weg von der destruktiven Rolle

Unsoziales Verhalten

Ein vernichtendes Urteil wird gefällt, wenn ein Kind als »unsozial« bezeichnet wird:

Timo war wirklich ein schwieriger Schüler. Vorlaut in die Klasse rufen, sich vordrängen, den Ball nicht abspielen usw. gehörte zu seinem Repertoire. Typisch für Timo war die folgende Szene:

Bei der Exkursion nach Holland legt der Bus nach der Grenze einen kurzen Stop ein, eine Pipi-Pause von 10 Minuten. Bei der Abfahrt sitzen alle SchülerInnen wieder im Bus, nur Timo fehlt. Geographielehrer Bastian wird nervös, als Timo nach weiteren fünf Minuten immer noch nicht auftaucht. Diese Situation ist für LehrerInnen traumatisch. »Entführung, in den falschen Bus eingestiegen, von Zöllnern einkassiert« geht es Herrn Bastian durch den Kopf, da entdecken die MitschülerInnen Timo auf der gegenüberliegenden Autobahnseite an einer Frittenbude, wo er gerade genüßlich und ohne Zeitdruck ein Loempia verspeist. Herr Bastian ist erleichtert, aber gleichzeitig auch »stinksauer«. Als Timo schließlich noch fröhlich lächelnd und ohne ein Wort der Entschuldigung in den Bus einsteigt, nachdem er alle 32 SchülerInnen 15 Minuten hat warten lassen, platzt Herrn Bastian der Kragen. »Du steigst hier einfach so ein, als wäre nichts gewesen. Was denkst du dir eigentlich dabei? Dein Verhalten ist unter aller Sau! Unsozial, jawohl unsozial nenne ich so was. Wir sprechen uns noch!«

Timo versteht gar nicht, warum Herr Bastian so verärgert ist. Er wollte doch nur die günstige Gelegenheit nutzen, sich ein leckeres Loempia zu gönnen. »An den paar Minuten kann doch nicht alles hängen. Verbiesterter Pauker, der Bastian!« denkt er.

Ein paar Tage später gibt es den nächsten Ärger. Die Klasse hat eine besonders anspruchsvolle Mathelehrerin, Frau Altmann. Sie will am darauffolgenden Tag eine Mathearbeit schreiben, aber viele der schwächeren SchülerInnen haben das Gebiet »Kurvendiskussionen« noch nicht verstanden. Die Hausaufgaben mit vier Aufgaben zu diesem Thema waren superschwer und nur die Mathe-Asse der Klasse konnten sie überhaupt lösen. Die Klassensprecherin möchte Frau Altmannn bitten, die Mathearbeit zu verschieben und die Kurvendiskussionen noch einmal zu erklären. Die Mathematiklehrerin geht auf den Vorschlag ein. »So, keiner konnte die Hausaufgaben, das ist ja sehr bedenklich«, sagt sie in die Runde. Da ruft Mathe-As Timo in die Klasse:« Wieso, ich hab' alle Aufgaben, war doch kinderleicht!«

»Unangenehmer Zeitgenosse!« denkt selbst die Lehrerin. Was Timos MitschülerInnen denken, kann der Schulprofi an dieser Stelle nicht abdrucken!

Ellenbogengesellschaft im Klassenzimmer?

LehrerInnen aller Schularten müssen eine stete Zunahme dieser Verhaltensweisen feststellen. Immer weniger SchülerInnen verfügen noch über die elementaren Regeln des menschlichen Zusammenlebens: Rücksichtnahme, Zurückstellung der individuellen Bedürfnisse hinter das Gruppeninteresse. Sie versetzen sich nicht in die Situation ihres Gegenübers, sondern folgen einfach ihren eigenen Impulsen und Bedürfnissen. Viele PädagogInnen deuten dieses Phänomen als Widerspiegelung der Ellenbogengesellschaft im Klassenzimmer. Prägt der Zeitgeist, die Nase-vorn-Mentalität jetzt schon die Teenager?

Hauptsache, die Leistung stimmt?

Vielen Eltern scheint es aber zu genügen, wenn nur die Leistungen stimmen. Timos Vater, auf das unsoziale Verhalten seines Sohnes hingewiesen, antwortete: »Im Leben muß Timo auch selbst seinen Mann stehen.« Er verwies auf das rücksichtslose Konkurrenzverhalten in seiner Firma und hat leider nicht ganz unrecht. Nicht selten haben unsoziale Egoisten eine glänzende Karriere vor sich.

Teamfähigkeit und soziale Kompetenz als Qualifikation

Wenn auch umstritten ist, inwieweit das Gymnasium auf die berufliche Zukunft vorbereiten soll, muß man Timos Vater doch entgegenhalten, daß viele Personalchefs Teamfähigkeit und soziale

Kompetenz heute genauso hoch einschätzen wie die fachliche Leistungsfähigkeit eines Mitarbeiters.

Mögliche Ursachen

Einfache Formeln für die Zunahme der Ich-Bezogenheit wie etwa »Zunahme der Einzelkinder = Zunahme des unsozialen Verhaltens« greifen nicht, denn auch ohne Geschwister kann ein Kind soziales Verhalten lernen. Die Eltern können es vorleben und gleichzeitig dafür sorgen, daß ihr Einzelkind möglichst viel Kontakt mit Gleichaltrigen hat.

Medienkonsum statt Spielen

Kennzeichnend für unsoziales Verhalten ist nach Meinung vieler Forscher eher die Tatsache, daß zahllose Kinder heute aufwachsen, ohne richtig zu spielen. Statt mit anderen Kindern im Spiel die Regeln des Miteinanders zu proben, konsumieren sie die vorgefertigte Realität der Medien. Selbst wenn die Erwachsenen in ihrer Umgebung sich besondere Mühe geben, sich mit dem Kind spielerisch zu beschäftigen, sie können nicht die Gruppe der Gleichaltrigen ersetzen, wo zum Beispiel in Rollenspielen und kleinen Kämpfen eine Hackordnung ausgefochten wird und ein künftiger Erwachsener spielerisch erfährt, wie er oder sie sich verhalten muß, um mit den anderen zurechtzukommen.

»Learn it the hard way«

Zurück zu Timo. Erfreulicherweise hatten seine LehrerInnen es sich zur Aufgabe gemacht, neben der üblichen Stoffvermittlung auch das Sozialverhalten ihrer Pennäler zu schulen. Für Timo gibt es keine andere Lösung als »learn it the hard way«, es auf die harte Tour zu lernen.
Als Eltern sollten Sie die LehrerInnen unbedingt unterstützen, wenn sie soziales Verhalten ohne Wenn und Aber einfordern. Verhalten, wie Timo es zeigt, ist ja auch eine Zumutung für die MitschülerInnen. Bei bis zu 33 Kindern in einer Klasse klappt gar nichts mehr, wenn einige die elementaren Sozialtechniken nicht beherrschen.
Wichtig ist, daß »Unsoziale« die Konsequenzen ihres Verhaltens spüren und wissen, daß es den Erziehern mit ihren Maßnahmen ernst ist. Dazu gehören auch knallharte Sanktionen gegen Ihren Sohn oder Ihre Tochter nach so gedankenlos egoistischen Aktionen wie an der Frittenbude. Timo wurde zum Beispiel vom nächsten Klassenausflug ausgeschlossen und mußte statt dessen am Unterricht der Parallelklasse teilnehmen.

Konfliktregelung durch die MitschülerInnen

Sie sollten als Eltern auch nicht gleich eingreifen, wenn eine Klassengemeinschaft selbst für die Einhaltung der Regeln sorgt. Timo mußte zum Beispiel in der Pause nach der fatalen Mathestunde einige Rempeleien auf dem Schulhof über sich ergehen lassen. Lamentierend kam er nach Hause und beklagte sich über die unfaire Behandlung durch seine Mitschüler.

Stellen Sie sich in einer solchen Situation nicht immer gleich schützend vor Ihr Kind, und beschweren Sie sich nicht sofort beim Klassenlehrer oder bei den Eltern der beteiligten MitschülerInnen. Sie können darauf vertrauen, daß Jugendliche Konflikte untereinander austragen können und nur sehr selten wirklich unschuldige Opfer drangsaliert werden.

Eine erprobte Lösung

Sehr heilsam für unsozial handelnde SchülerInnen ist es auch, wenn sie selbst eine Gruppe leiten müssen, zum Beispiel als Tutoren für die frischgebackenen Fünftkläßler. Sie müssen dann erfahren, wie schwer es ist, einen wilden Haufen zu managen, wenn kleine Egoisten ständig aus der Reihe tanzen, sich nicht an Regeln halten und so der ganzen Gruppe den Spaß verderben.

Vorsicht, Schulpsychologe! Was viele Eltern nicht wissen

Schulpsychologischer Dienst

Der Schulprofi will nicht gegen die Existenz von Schulpsychologen zu Felde ziehen. Ganz im Gegenteil. Die Art und Weise jedoch, wie der schulpsychologische Dienst gerade für Gymnasien in vielen Bundesländern organisiert ist, führt dazu, daß der Einsatz der SchulpsychologInnen häufig mehr schadet als nutzt.

Der Schulprofi rät zur Vorsicht

Bevor Sie als Eltern zustimmen, daß SchulpsychologInnen wegen der Verhaltensauffälligkeit Ihres Kindes hinzugezogen werden, oder bevor Sie selbst SchulpsychologInnen einschalten, sollten Sie genau Bescheid wissen, wie dieser Dienst arbeitet und welche Konsequenzen dieser Schritt für Ihren Sohn oder Ihre Tochter und für die ganze Familie hat.

Gerade am Gymnasium ist dieser Prüfstein besonders wichtig, weil im Gegensatz zu anderen Schularten, vor allem zu Gesamt- und Sonderschulen, in den wenigsten Fällen die SchulpsychologInnen nur für eine Schule da sind. Im Gegenteil, die SchulpsychologInnen betreuen ganze Bezirke. Welche einschneidende, ja verhängnisvolle Bedeutung diese Tatsache hat, zeigt das Beispiel von Jonas aus B.:

Jonas hat schon etliche Schulwechsel hinter sich, als er am Albert-Schweitzer-Gymnasium angemeldet wird. Im Hintergrund stehen berufliche Veränderungen des Vaters, aber auch schlimme Beziehungskrisen der Eltern. An seiner neuen Schule, in der siebten Klasse, kommt Jonas überhaupt nicht zurecht. Er ist auffällig, stört den Unterricht durch unmotivierte Zwischenrufe und besetzt eine zunehmend tragische Rolle. Die Klasse unterstellt, daß alle LehrerInnen wegen Jonas verärgert sind, und daß angeblich die ganze Klasse die Folgen ausbaden muß. Jonas wird immer mehr zum Sündenbock. Er wird gehänselt, seine Fahrradreifen werden durchstochen usw. Im Bereich der berufstätigen Erwachsenen wird dieses Verhalten neuerdings unter dem Modewort »mobbing« abgehandelt.
Irgend etwas an Jonas' Verhalten fordert die Aggression der MitschülerInnen heraus. Zusätzlich zu seinem Integrationsproblem pendeln sich seine Noten im unteren Grenzbereich ein, obwohl Jonas zuvor immer als begabt eingestuft wurde.
Sein neuer Klassenlehrer, Typ engagierter, sozial-integrativer Studienrat, bittet Jonas' Eltern immer wieder zum Gespräch. Es erscheint stets nur die Mutter, Frau Badoit. Sie macht einen sehr bekümmerten, lieben Eindruck. Frau Badoit weiß nicht mehr ein noch aus vor Sorge um Jonas und schaltet schließlich auf Anraten einer Freundin den zuständigen Schulpsychologen ein. Was sie nicht weiß: Schulpsychologe Markmann betreut den gesamten Landkreis, das heißt zwei Gymnasien, eine Realschule, drei Hauptschulen und fünf Grundschulen. Nur die Sonderschule verfügt über eigenes psychologisch geschultes Personal.
Bis Frau Badoit einen Termin bei Markmann erhält, vergehen zweieinhalb Wochen. Was Frau Badoit auch nicht überschaut: Mit ihrem Besuch wird ein Verwaltungsakt in Gang gesetzt, der aufwendigen Papierkrieg mit sich zieht und eine Eigendynamik entwickelt. Herr Markmann muß nun Berichte schreiben, Akten anlegen und Tätigkeitsnachweise erbringen.
Markmann nimmt seine Aufgabe sehr ernst, obwohl er rechnerisch über 6000 Kinder zu betreuen hat. Er hört sich Frau Badoits Sorgen geduldig an und verspricht, sein Möglichstes zu tun, um zu helfen. Nun beginnt die übliche Prozedur: Einzelgespräche mit Jonas, Gespräche mit den Eltern, Termine bei dem Klassenlehrer, Treffen mit den betroffenen Fachlehrern und Unterrichtsbesuche. Der Schulpsychologe betreut zur Zeit noch 16 andere Fälle und hat so nur geringen terminlichen Spielraum. Zusätzlich bietet er noch Fortbildungskurse für Eltern und LehrerInnen an. Mit insgesamt sieben Wochen legt Markmann bis zum Abschluß des Problemkindes Jonas einen sehr guten Schnitt vor. Er schreibt einen abschließenden Bericht, auch für die Schulaufsicht, und erstellt eine Art Diagnose.
Wieder beginnt eine Kette von Gesprächsterminen, bei denen er allen Beteiligten Ratschläge für ihr weiteres Verhalten im Umgang mit Jonas gibt. Markmann hat glücklicherweise eine geschickte, gewinnende Art, auch Kritik anzubringen. Er hat im Unterricht der beteiligten LehrerInnen problematische Punkte gesehen, die dringend verändert werden müßten, wenn Jonas eine erträgliche Position in der neuen Klasse bekommen soll.

Andere Berufskollegen Markmanns erfreuen sich keiner großen Beliebtheit in Lehrerkreisen, denn ihre Verbesserungsvorschläge werden oft als ungerechte Kritik empfunden.

Ähnliches Fingerspitzengefühl verlangt auch die Verhandlung mit den Eltern. Herr Badoit lehnt es ab, überhaupt mit dem Schulpsychologen zu sprechen, andererseits weiß Markmann aus Frau Badoits Schilderungen, daß der Vater ein massives Alkoholproblem hat. Dieses Familienproblem müßte dringend bearbeitet werden.

Inzwischen sind drei Monate vergangen. Jonas hat einen kleinen Aufwärtstrend. »Es gibt sich schon«, hoffen alle Beteiligten im stillen, aber dann kommen wieder Rückfälle. In der Klasse weiß jeder, daß Jonas vom Schulpsychologen betreut wird, dafür hat schon der Kleinstadttratsch gesorgt, obwohl Markmann und der Klassenlehrer versucht hatten, Jonas' Sonderrolle bei den Unterrichtsbesuchen zu verheimlichen. Jonas gilt jetzt als der »Bekloppte«. Der Klassenlehrer muß dieses Thema offen ansprechen, was wiederum Jonas immer mehr zum »Fall« werden läßt. Zeitweilig genießt er diese Sonderrolle sogar, denn er erhält neuerdings viel mehr Zuwendung von den Erwachsenen. Für seine merkwürdige Außenseiter- und Sündenbockrolle in der Klasse ist es aber eher schädlich, denn die Mitschüler wittern Bevorzugung.

»Wann fangen Sie denn mit Ihrer Therapie an?« fragt Jonas' Mutter bei dem letzten Gesprächstermin. »Ja, Frau Badoit, das ist leider nicht meine Aufgabe. Ich habe mit Ihnen, den Lehrern und mit Jonas Lösungsvorschläge erarbeitet, aber Therapien kann ich nicht durchführen. Es warten schon sieben neue Fälle auf mich. Bitte wenden Sie sich doch an die ansässigen Psychologen.« Frau Badoit ist wie vor den Kopf gestoßen. »Jetzt geht das Ganze von vorne los!« denkt sie verzweifelt.

Eine Zeitlang läuft alles so weiter wie bisher, aber Jonas bleibt auffällig. Als er nach neun Monaten zur Erleichterung der Klasse (und insgeheim auch der Lehrer) wegen einer erneuten Versetzung des Vaters die Schule verläßt, wird seine Schülerakte an die neue Schule weitergeschickt. Die neue Klassenlehrerin liest sie mit Interesse, stößt dabei auf den Bericht des Schulpsychologen und weiß gleich, daß sie ein Problemkind bekommen hat. Im Bericht steht unter anderem, daß »Jonas seine eigene Aggressivität ans Gegenüber delegiert und so quasi sadistisches Verhalten herausfordert«. – Daß nach einer solchen Vorbereitung sie und ihre Kollegen nun dem neuen Schüler voreingenommen begegnen, liegt auf der Hand.

Mehr Schaden als Nutzen	Der Einsatz des Schulpsychologen hat so unterm Strich mehr negative als positive Konsequenzen:
Stigmatisierung	Jonas wurde zum herausgehobenen Fall. Sein auffälliges Verhalten war ständiges Thema im negativen Sinne. Das Stigma des Abnormen, das die Klasse ihm anhängte, hat sein tragisches Rollenverhalten eher verstärkt als durchbrochen.
Keine Hilfe	Die Mutter ist verunsichert. Sie weiß, daß ihre familiären Probleme eine Belastung für Jonas sind. Echte Hilfe steht aber immer noch aus. Sollte sie eine Familientherapie versuchen? Wer bezahlt die Behandlung?

Die Beobachtungen des Schulpsychologen und seine Lösungsvorschläge waren zwar fachlich treffend, aber ein oder zwei Gespräche mit den Betroffenen bringen keine einschneidenden Veränderungen des pädagogischen Alltags. In der Praxis nehmen die LehrerInnen die Lösungsvorschläge der SchulpsychologInnen häufig gar nicht an. Unterschwellig bedeutet ihr Eingreifen ja, daß ihr vorheriges Lehrerverhalten falsch oder inkompetent war. »Da kommt einer, sieht sich zwei Schaustunden an und glaubt, er hätte die pädagogische Weisheit mit Löffeln gefressen. Der soll sich erst mal hier hinstellen und sechs Stunden abziehen!« wehren sich LehrerInnen gegen die Eingriffe von außen.

Mangelnde Umsetzung im Schulalltag

Jonas hat nun eine Akte. Sein Vater wird im Bericht als alkoholgefährdet bezeichnet. Können Jonas und seine Familie im Zeitalter der Datenverarbeitung und Vernetzung sicher sein, daß diese Akte nicht zu einem späteren Zeitpunkt ihres Lebens herangezogen und zur Hypothek wird? Sie wissen nicht, ob Markmann und die Schulleitung mit ihren Informationen vertraulich umgehen und sie genügend gegen den Zugriff von außen sichern.

Es existieren belastende Akten

Der Schulpsychologe war nur eine Durchgangsstation. Wichtige Monate in Jonas Entwicklung vergingen, weil die Prozedur im Rahmen der Schulverwaltung so schwerfällig war. Am Ende des Vorgangs bleiben zu viele Fragen offen. Aufwand und Ergebnis stehen eindeutig im Mißverhältnis.

Vergeudete Zeit

Bevor Sie also dem Einsatz von SchulpsychologInnen zustimmen, sollten Sie die folgenden Bedingungen prüfen:

Vier Bedingungen für den Einsatz von SchulpsychologInnen

1. Der oder die Schulpsychologin ist nur für die betreffende Schule zuständig. Er bzw. sie kennt die LehrerInnen und ihren Unterricht aus der Insiderperspektive und arbeitet ständig und vertrauensvoll mit ihnen zusammen.
2. Die Klassen sind an die Arbeit mit den SchulpsychologInnen gewöhnt. Er oder sie ist nicht nur für die Betreuung der Auffälligen da, sondern fester Bestandteil des Schulalltags.
3. Diagnosen und Lösungsversuche haben langfristige Konsequenzen. Die SchulpsychologInnen überlassen »den Fall« nicht einfach den Beteiligten, sondern arbeiten selbst an der Umsetzung in der Praxis mit.
4. Es werden keine Akten angelegt. Schriftliche Berichte und ähnliches werden nicht in die Schülerakten aufgenommen oder

an die Schulbehörden weitergeleitet, sondern nach Abschluß der Tätigkeit vernichtet.

Verantwortung der LandespolitikerInnen

An dieser Stelle wird wieder deutlich, daß es am mangelnden Willen der verantwortlichen Landespolitiker liegt, wenn SchulpsychologInnen nur als eine Art Feuerwehr zum Einsatz kommen. Was geht nur in den Köpfen der Bildungspolitiker vor, wenn sie glauben, am Gymnasium seien psychologisch geschulte hauptamtliche Kräfte überflüssig? Die Zahl der belasteten, auffälligen Kinder in einer Klasse ist keine Frage der Begabung, der Intelligenz oder des Bildungsstandes der Eltern. Gerade der besonders hohe Erwartungsdruck, der auf den GymnasiastInnen lastet, macht sie anfällig für seelische Probleme.

8. Familienschande Schulversagen

Olaf schafft es nicht!

Gibt es – in Anlehnung an den »American Dream« – einen deutschen Traum? Wenn ja, stellt er sich etwa so dar: Einfamilienhaus im Grünen mit Sprossenfenstern und Terracotta-Terrasse, Mercedes und schicker Zweitwagen in der Garage, Küche mit Ceranfeld und ... das Abitur des Sohnes.

Abitur als Statussymbol

Umfragen haben ergeben, daß 54% aller Eltern in Deutschland das Abitur als Schulabschluß für ihre Kinder anstreben. Leider platzt dieser Traum oft schon im Grundschulalter des Hoffnungsträgers: nur Dreier und Vierer in den Hauptfächern, keine Empfehlung fürs Gymnasium.

Abitur oft nur ein Traum

In anderen Modellfamilien scheint das Statussymbol »Abitur« schon in greifbarer Nähe, da sacken die Leistungen des Sprößlings plötzlich bedrohlich ab, weil er eine pubertäre Protestphase durchmacht.

Schulversagen trifft das Selbstwertgefühl der Eltern

Schulversagen, aus welchen Gründen auch immer, trifft die Eltern an einer sehr sensiblen Stelle: Sie nehmen den Sohn oder die Tochter als Aushängeschild ihres eigenen Selbstwertes wahr. Kann das Kind die hohen Erwartungen nicht erfüllen, fühlt sich so die ganze Familie als Versager.

Besonders in Kleinstädten und im ländlichen Bereich ist das Problem »Olaf schafft es nicht« Gegenstand hämischen Tratsches.

Die Häme der anderen

Genüßlich ergötzt man sich an den schlechten Leistungen der Kinder der anderen: »Kein Wunder, die Frau ist ja auch den ganzen Tag nicht zu Hause«, heißt es hinter vorgehaltener Hand. Oder: »Der Vater ist doch auch nur mit Hängen und Würgen durchs Abitur gekommen. Dummheit ist eben erblich.«

Die Betroffenen schweigen betreten, wenn im Tennisclub mit Spitzennoten der anderen Kinder geprahlt wird. Irgend etwas stimmt nicht, wenn ausgerechnet der eigene Sohn am Gymnasium scheitert. Bei Töchtern werden schlechte Leistungen dagegen nicht unbedingt als Katastrophe angesehen. Der Stammhalter jedoch muß es schaffen.

Schuldgefühle und das Eingreifen der Väter

Ähnlich wie bei den Verhaltensstörungen kochen die Schuldgefühle hoch. Berufstätige Mütter geben ihre interessanten Jobs wieder auf, weil sie glauben, daß sie sich nicht genügend um die Kinder kümmern, und auch die Väter, die zuvor das Thema Schule nur allzu gern als Frauensache von sich geschoben haben, treten plötzlich auf den Plan.

Alle LehrerInnen kennen die forschen, erfolgsgewohnten Väter, die sich vorher nie sehen ließen und plötzlich auftauchen, wenn die ersten Fünfen und Sechsen zu Hause gebeichtet werden. »Sagen Sie mir klipp und klar, woran es liegt. Was müssen wir tun?« wollen sie wissen. Enttäuscht ziehen sie ab, wenn die LehrerInnen ihnen klarmachen, daß es simple Diagnosen und Sofortmaßnahmen am Schulort nicht gibt.

Schulversagen als Katastrophe für die Familie

Richtig tragisch wird es, wenn Eltern der Tatsache ins Auge sehen müssen, daß ihr Kind es wirklich nicht schafft und das erwünschte Erfolgsabitur entweder ein Traum bleibt oder teuer erkauft werden muß.

Dr. Tuchschmitt hatte sich die Zukunft so schön ausgemalt: mit 19 Jahren würde Sohn Olaf Abitur machen, mit 30 Assistenzarzt werden, seine eigenen Erfahrungen sammeln, dann als Partner in Dr. Tuchschmitts Praxis einsteigen. Mit 65 Jahren wollte Tuchschmitt dann in Rente gehen und die Praxis seinem Sohn übergeben.
Als Olaf in Klasse 6 des örtlichen Gymnasiums angelangt war, wurde Dr. Tuchschmitts Traum durch kleine Unstimmigkeiten getrübt: Die letzten Arbeiten in allen drei Hauptfächern waren Fünfer und Sechser, auch in Biologie und Physik stimmten die Noten nicht. Solch einen drastischen

Einbruch hatten Olafs Eltern nicht erwartet. Zwar war Olaf schon in der Grundschule eher unterdurchschnittlich und seine Klassenlehrerin hatte dringend vom Gymnasium abgeraten, aber Tuchschmitts führten die Probleme immer darauf zurück, daß Olaf mit seiner Grundschullehrerin nicht zurecht kam. Tuchschmitts hielten Olaf für überdurchschnittlich intelligent. »Er blockiert, wenn man ihn falsch anpackt«, erklärte Dr. Tuchschmitt stets.

Seit Olaf so schlecht stand, war Dr. Tuchschmitt ständiger Gast im Gymnasium. Olafs Klassenlehrerin fand ihn zwar sympathisch, konnte aber nicht nachvollziehen, warum der Vater nicht endlich der Tatsache ins Auge sehen wollte, daß Olaf fast keine der Voraussetzungen für eine gymnasiale Laufbahn erfüllte: schnelle Auffassungsgabe, Leistungsbereitschaft, analytische Fähigkeiten, mittelmäßige Sprachbegabung. Olaf war einfach langsam und hatte eine deutliche Lese-Rechtschreib-Schwäche. Wenn es um praktische Tätigkeiten ging, war er dagegen sehr patent. Die Klassenlehrerin beriet die Eltern schon seit Monaten in Richtung Schulwechsel auf die Realschule. Dort waren die Anforderungen auch nicht viel leichter, aber die zweite Fremdsprache nach der sechsten Klasse konnte entfallen und die Konkurrenz der Mitschüler war nicht allzu hart.

»Ich könnte auch ein Tonband einlegen und immer wieder abspielen, was Dr. Tuchschmitt einfach nicht begreifen will«, dachte sie, »Olaf ist hier überfordert und hat keine Erfolgserlebnisse mehr. Ersparen Sie Ihrem Sohn doch das Gefühl, ständig nur zu versagen!«

Bei den Tuchschmitts zu Hause gab es nur noch ein Thema: Olafs Schulprobleme. Die ganze Familie litt mit ihm, wenn er wieder eine Sechs kassiert hatte, aber die Konsequenzen, die gezogen wurden, waren keine wirkliche Hilfe für Olaf: Nachhilfe in allen Hauptfächern, Konzentrationskurse bei einem befreundeten Psychiater. Für die Dinge, die Olaf Freude machten, wie Fußball, Pfadfinder, Basteln blieb ihm kaum noch Zeit. Auch wenn sein Vater immer wieder betonte, daß er keinen Leistungsdruck ausübte, zog sich sein Sohn doch mehr und mehr in sich zurück, weinte viel und war im Umgang mit den Mitschülern aggressiv.

Dank der intensiven Nachhilfe pendelten sich seine Leistungen gegen Ende der Klasse 6 bei Vier minus ein, er schaffte die Versetzung, blieb am Gymnasium. Von Jahr zu Jahr blieb seine Versetzung aber eine Zitterpartie, einmal klappte es nicht. Mit zwanzig Jahren schafft Olaf knapp das Abitur, aber mit seinem Schnitt von 3,7 kann er sein Medizinstudium nur in Ungarn beginnen. Irgendwie wird er auch den Abschluß machen und tatsächlich eines Tages in die Praxis seines Vaters einsteigen. Rückblickend nimmt Olaf eine freudlose, von Angst und Erwartungsdruck geprägte Jugend wahr. Seine Persönlichkeit hat diese schwierige Lebensphase nicht ohne Blessuren und Narben überstanden. Olaf neigt schon früh zu Depressionen.

Eltern wie die Tuchschmitts glauben allen Ernstes, daß sie im Interesse ihrer Kinder handeln, wenn sie »Versager« wie Olaf mit allen verfügbaren Mitteln am Gymnasium halten. Wenn nötig, hätten sie noch tiefer in die Tasche gegriffen und Olaf auf eine der teuren »Quetschen«, gewisse Internate mit Abiturgarantie, geschickt.

Abitur mit allen Mitteln

Gängige Vorwände

Sie finden 1000 Gründe, warum sie ihren Sohn nicht einfach auf eine leichtere Schulart wechseln lassen: »Olaf hätte es als einen schweren Schlag empfunden, wenn er zurück auf die Haupt- oder Realschule gemußt hätte.« Häufiges Argument ist auch: »Die Hauptschüler passen nicht zu unserem Kind.« »XY würde dort untergehen«, oder »Olaf will unbedingt mit seinen Freunden am Gymnasium zusammenbleiben«. Wenn die Eltern ehrlich wären, müßten sie sich eingestehen, daß es sich um Rationalisierungen handelt, um Vorwände also, die die eigentlichen Gründe verschleiern sollen: Angst vor sozialer Herabsetzung, Schulversagen als Schande.

Das eigene Kind als Aushängeschild

Das Wohlergehen des Sprößlings, seine Freude am Lernen, der Hunger nach Erfolgserlebnissen, das Bedürfnis nach echter Freizeit werden zurückgestellt und das Ziel, die Projektion der eigenen Wünsche und Hoffnungen auf das Kind, hat Vorrang. »Kinder als Aushängeschilder ihrer erfolgreichen Eltern«, denken die LehrerInnen manchmal seufzend, »sind eigentlich ein Fall für den Kinderschutzbund.«

Woran es meistens scheitert, und was Sie tun können

Vier Ursachen für das Schulversagen

Die Gründe für Schulversagen am Gymnasium sind nicht auf die beiden simplen Nenner »dumm« oder »faul« zu bringen, wie es leider in den Köpfen vieler Eltern und einzelner Pauker der Fall ist. Um den schwierigen Komplex überhaupt sinnvoll anzugehen, unterteilt der Schulprofi in vier Ursachengruppen: mangelnde Fähigkeiten, seelische Belastung, fehlende Einstellung und pubertäre Verweigerungsphasen.

In der Praxis gibt es natürlich keine trennscharfen Abgrenzungen, sondern viele Überschneidungen bei den möglichen Ursachen für Schulversagen. Gerade in der Pubertät kommen verschiedene Gründe zusammen, so daß dieses Problemthema gesondert im nächsten Kapitel abgehandelt wird.

Ursache: Mangelnde Fähigkeiten

Welche Fähigkeit unerläßlich ist, um das Gymnasium erfolgreich zu durchlaufen, ist mit »Intelligenz« nur unzureichend beantwortet. Gerade bei einer der zentralen Ursachen für schlechte Noten, der Lese-Rechtschreib-Schwäche zum Beispiel, können die Betroffenen recht überzeugende Ergebnisse in den gängigen Intelligenztests erzielen, aber dennoch eine stolze Fünfer-Leiste auf dem Zeugnis vorweisen. Erforderlich ist: Passable schriftliche Beherrschung der Muttersprache, Fremdsprachenbegabung, mittelmäßige mathematisch-analytische Fähigkeiten, Abstraktionsfähigkeit und nicht zuletzt die sogenannte schulische Intelligenz. Letztere umfaßt die Fähigkeit, einen Durchblick durch die geschriebenen und ungeschriebenen Regeln des Gymnasiums zu gewinnen und sich den Bedingungen erfolgreich anzupassen. Im »Gymnasiastenretter« geht es exakt um diese Art von Schultüchtigkeit.

Erfahrene GymnasiallehrerInnen wissen, daß an erster Stelle die schriftliche Beherrschung der Muttersprache steht. Warum diese Fähigkeit so zentral ist, können Eltern als Outsider oft nicht verstehen. »Aber XY ist doch mathematisch so begabt. Er muß ja keine Leuchte in Deutsch sein«, wenden sie zum Beispiel ein, wenn die LehrerInnen ihnen klarmachen, daß es keinen Zweck am Gymnasium hat. Was sie nicht überschauen: Wie ein roter Faden zieht sich die Anforderung, das Wissen in verständlichem, akzeptablem Deutsch darzulegen, durch fast alle Fächer. Umgekehrt betrachtet haben die SchülerInnen gute Karten, die Texte unter Zeitdruck schnell aufnehmen und wiedergeben können. Die schriftliche Leistung in der Muttersprache wird also immer einen versteckten Anteil bei der Bewertung der Leistung in Fächern wie Geschichte, Erdkunde, Sozialkunde, Biologie, Religion usw. haben. Finden ErdkundelehrerInnen Sätze wie »Die Zuname der Bevölkerung in Agentinien geht leicht zurück« können sie solche, im Kern zutreffenden Aussagen einfach nicht mit »gut« bewerten.

Unerläßlich: schriftliche Beherrschung der Muttersprache

Schüler, die einseitig mathematisch-analytisch begabt sind, aber eine deutliche Lese-Rechtschreib-Schwäche aufweisen, genossen lange Zeit als Legastheniker eine Schonfrist am Gymnasium. Zum einen gab und gibt es Förderkurse durch besonders geschultes Personal, und zum anderen wurde die Gewichtung von Rechtschreibung und Grammatik bei der Wertung der gesamten Leistung zurückgeschraubt. In den 90er Jahren verlor das Modethema Legasthenie aber an Bedeutung, dabei gibt es sie noch, Kinder mit chaotischen Deutscharbeiten, aber Einsern in Mathematik.

Gibt es noch Legastheniker?

Daß die Diskussion um Legasthenie eingeschlafen ist, erklärt sich wahrscheinlich durch die Erkenntnis, daß irgend etwas nicht stimmt, wenn Schülern die Hochschulreife bescheinigt wird, die der deutschen Sprache im Schriftlichen nur unzureichend mächtig waren. In der Praxis scheiterten viele Legastheniker an der oben beschriebenen »heimlichen Deutschnote« in den anderen Fächern, in denen schriftliche Leistungen zu erbringen waren.

Die Mindestbedingung

Als Konsequenz ist es also unumgänglich, daß Ihre Tochter oder Ihr Sohn spätestens nach Abschluß der Orientierungsstufe, das heißt nach Klasse 6, zügig lesen und einigermaßen fehlerfrei und schnell schreiben kann. In der Grundschule wird ja bereits deutlich, ob Ihr Kind besondere Förderung braucht. Wenn ja, sollten Sie auf speziellen Förderstunden bestehen oder privat für Hilfe sorgen. Gerade für die Lese-Rechtschreib-Schwäche gibt es gute Lernprogramme, die Sie zu Hause anwenden können. (Hinweise zur Literatur im Anhang.)

Lesen!

Wenn Sie es schaffen, Ihren Sprößling zum Lesen zu bewegen, bekommt er oder sie einen immensen Förderungsschub, denn das Schriftbild bleibt haften und die Aufnahmefähigkeit für Texte wird von ganz allein geschult. Zeichnet sich aber trotz aller Anstrengung kein Erfolg ab, dann sollten Sie Ihrem Kind das Gymnasium ersparen.

Der Schlüssel: Erfolgserlebnisse

Jeder Pauker kennt die Gegenargumente: »Ich war auch so schlecht in der Schule. Aber irgendwann ist der Groschen dann gefallen und ich habe ein gutes Abitur hingelegt.« In der Praxis erlebt man solche wunderbaren Wandlungen nur selten. Kinder, die sich mühsam durch das Gymnasium quälen müssen, haben fast nur Frustrationserlebnisse, und das ist kein fruchtbarer Boden für einen Motivationsschub. Der erfolgt eher, wenn sie auf eine andere, weniger harte Schulart wechseln und plötzlich zu den Zugpferden gehören. Als Quereinsteiger ist ein gutes Abitur auf diesem Wege wahrscheinlicher.

Scheitern an den Fremdsprachen

Die Realschule zum Beispiel empfiehlt sich für diejenigen »Gymnasialversager«, die an den Fremdsprachen scheitern, denn an dieser Schulart ist die zweite Fremdsprache (und damit oft genug die zweite Fünf) nicht verpflichtend. Sie als Eltern werden einwenden, daß auch die Art und Weise, wie die Fremdsprache vermittelt wird,

ob die SchülerInnen mit den jeweiligen LehrerInnen zurechtkommen, ob ein Interesse geweckt wird, über den Lernerfolg entscheiden. Das ist richtig, aber oft stimmen alle Komponenten und es klappt trotzdem nicht. Es gibt sie, die Fremdsprachenbegabung. LehrerInnen, die Anfangsunterricht in Englisch geben, fragen die frischgebacknen Fünftklässler gerne zu Beginn, wieviel Englisch sie bereits können. Da gibt es immer wieder Zehnjährige, die komplette Popsongtexte aufsagen können, ohne den Inhalt zu verstehen. Andere haben große Schwierigkeiten nach zehn Versuchen »my name is...« korrekt nachzusprechen.
SchülerInnen, die sich hier schwertun, müssen sich erkämpfen und einpauken, was anderen im Vorbeigehen zufliegt. Wenn dann die zweite Fremdsprache hinzukommt, verdoppelt sich der Streß. Einziger Ausweg für viele: Latein. Da es sich nicht um eine gesprochene Sprache handelt, kann mit analytischen Fähigkeiten und Paukbereitschaft die mangelnde Sprachbegabung ausgeglichen werden.

Was sonst noch nützt, um das Versagen in den Fremdsprachen aufzufangen, sind Aufenthalte in England, USA oder Frankreich. Der Schulprofi berät im Kapitel »Nachhilfe, das heimliche Schulgeld« über Sinn und Auswahlkriterien dieser Unternehmungen und verrät Ihnen kostensparende Alternativen.

Sinnvoll: Auslandsaufenthalt

Viel schwerer oder gar nicht zu verhindern ist das Versagen am Gymnasium, wenn es an zwei weiteren Bedingungen scheitert: Fehlende mathematisch-analytische Fähigkeiten und abstraktes Vorstellungsvermögen. Aus Lehrersicht sind solche Kinder eine echte Belastung. Wenn es auch mit den peppigsten, anschaulichsten Unterrichtsmethoden nicht gelingt, zu vermitteln, was zum Beispiel eine negative Zahl ist, oder was »Vorzeitigkeit« in der Grammatik bedeutet, was Kafka in »Das Urteil« sagen will, dann wird es quälend. SchülerInnen, denen abstrakte, theoretische Vorstellungen einfach verschlossen bleiben, können solchen Stoff zwar fleißig lernen und wiedergeben, wenn sie aber weiterdenken, diese Einsichten in anderem Zusammenhang darstellen müssen, wird es kritisch.

Fehlende mathematisch-analytische Fähigkeiten und Abstraktionsvermögen

Hier liegt auch der Schlüssel für ein gängiges Elternmißverständnis. »Ich verstehe nicht, warum XY immer Fünfen schreibt, zu Hause kann er alles«, müssen sich LehrerInnnen ständig anhören. Des Rätsels Lösung ist, daß der Betroffene tatsächlich alle Regeln

Was Eltern nicht verstehen

gelernt hat oder den Stoff inhaltlich wiedergeben kann, aber es scheitert an der »Transferleistung«, das heißt an der Übertragung des Gelernten auf einen neuen Zusammenhang.

Erlösen Sie Ihr Kind, wenn es sich nur quält!

Nachhilfeunterricht kann bei diesem Dilemma nur begrenzt greifen. Auch wenn es nach überheblicher, knallharter Selektion klingt: Das Gymnasium mit seinem trockenen, theoretischen Inhalten ist der falsche Lernort.

Seelische Belastungen

Kinder als schwächstes Glied einer Familie sind häufig die Hauptleidtragenden, wenn Partnerschaftskonflikte, Trennung oder Scheidung das Familienglück zerstören. Aber auch Kinder aus Familien, die oberflächlich betrachtet dem Ideal der intakten Normalfamilie entsprechen, können starken seelischen Belastungen ausgesetzt sein. Die LehrerInnen wissen jedoch, daß sich hinter den Fassaden Suchtprobleme der Eltern, sexueller Mißbrauch und Gewalt verbergen können. Da sie aber über hundert Kinder am Tag unterrichten, bleiben diese Mißstände meist verborgen, sie nehmen nur wahr, daß ein Kind sich zurückzieht oder sich unerwartet aggressiv verhält und daß die Schulleistungen zurückgehen. Wie auch immer die Ursachen

Leistungsrückgang als Warnsignal

gelagert sein mögen, oft nimmt die Umgebung erst Notiz von den Nöten eines Kindes, wenn die Noten nicht mehr stimmen. Plötzlicher Notenrückgang bei vorher guten schulischen Leistungen ist immer ein ernstzunehmendes Warnsignal.

Bei Stefan war die Ursache für sein Schulversagen dagegen stadtbekannt. Stefans Vater trennte sich kurzfristig von seiner Familie, weil er sich Hals über Kopf in eine andere Frau verliebt hatte. Seinen Sohn, ein sensibles, verwöhntes Einzelkind, traf dieser Umstand besonders hart, denn die neue Partnerin des Vaters hatte selbst zwei Kinder aus erster Ehe, für die Stefans Vater nun der neue Papa war. Da das neue Familiendomizil auch noch in der Nähe der alten Wohnung von Stefan und seiner alleingelassenen Mutter lag, mußte Stefan täglich mitansehen, wie sein eigener Vater mit den fremden Kindern spielte. Stefan selbst lehnte jeden Kontakt mit seinem Vater ab.
Diese bittere Trennungsphase fiel ausgerechnet mit seinem Schulwechsel von der Grundschule auf das Gymnasium zusammen, und dort klappte gar nichts mehr. Stefan lernte nicht, war im Unterricht geistesabwesend und stand am Rande, wenn die anderen tobten. Die schriftlichen Arbeiten waren ein Fiasko. »Ein klarer Fall von Fehlorientierung. Der Junge gehört nicht auf das Gymnasium«, meinten einige Fachlehrer voreilig und fielen aus allen Wolken, als sie Stefans Grundschulzeugnis mit den soliden Zweiern sahen. Der Grundschulkollege hatte eine klare Gymnasialempfehlung gegeben.

Bei einem Gesprächstermin mit Stefans Mutter erfuhren sie, welchen seelischen Belastungen Stefan ausgesetzt war. Das aufgeschlossene Lehrerteam beschloß ein Maßnahmenpaket: Stefan sollte eine Art Schonfrist erhalten, in der er keine vernichtenden Sechsen bekam und keine peinliche Bloßstellungen über sich ergehen lassen mußte. Jeder positive Beitrag von Stefan sollte besonders anerkannt und gelobt werden, um sein Selbstbewußtsein zu stärken und ihn nicht zu entmutigen. Ein Hilfsangebot der Klassenlehrerin erwies sich als Volltreffer: Sie schlug vor, daß Stefan seine Hausaufgaben gemeinsam mit einem netten Oberstufenschüler machen sollte, damit die Lücken nicht allzu groß wurden und er den Anschluß an den Stand der Klasse schaffte. Uwe aus der 12. Klasse gab sich große Mühe und Stefan faßte Vertrauen zu ihm. Uwe spielte die Rolle eines beschützenden Ersatzvaters und war auch auf dem Schulhof oft mit Stefan zusammen. Die Zusammenarbeit mit Uwe führte zu kleinen Teilerfolgen und stärkte Stefans Selbstbewußtsein. Im Laufe der Zeit lernte Stefan, den Verlust des Vaters zu verarbeiten, und parallel zu dieser Entwicklung ging es auch in der Schule wieder bergauf. Er bekam nach der sechsten Klasse die Gymnasialempfehlung und blieb ein Schüler mit guten Durchschnittsleistungen.

Die LehrerInnen müssen informiert werden!

Nicht immer gelingt es so leicht, seelisch besonders belasteten Kindern zu helfen. Das größte Problem ist das Unwissen der LehrerInnen. Die betroffenen SchülerInnen, gerade wenn sie in einer schwierigen Phase stecken, sind oft sehr verschlossen, und die Mitschüler können auch nur vage darüber Auskunft geben, warum XY sich so hängenläßt.

Wenn Sie als Eltern Ihren Kindern in einer problematischen Phase wirklich helfen wollen, müssen Sie sich überwinden und die Karten in der Schule offen auf den Tisch legen. Der Schulprofi würde lügen, wenn er behauptete, daß LehrerInnen verschwiegen sind. Sie als Eltern müssen jedoch abwägen, was Ihnen wichtiger ist, die Aufrechterhaltung der Familienfassade oder die Zukunft Ihres Kindes. Wenn Sie den KlassenlehrerInnen ein Familienproblem anvertrauen, brauchen Sie zudem keine Details preiszugeben.

Eine Schonfrist aushandeln!

Bitten Sie die LehrerInnen um eine Schonfrist für Ihren Sohn oder für Ihre Tochter, in der er oder sie nicht allzu hart gefordert wird. Setzen Sie Ihr Kind in einer Phase psychischer Belastung nicht noch zusätzlich mit den schlechten schulischen Leistungen unter Druck. Wenn die Leistungen zuvor gestimmt haben, verkraften SchülerInnen eine Durchhängephase von einigen Monaten ohne weiteres. Wenn es dem Kind besser geht, kann immer noch nachgearbeitet werden.

Ist die Versetzung gefährdet, können Sie in einigen Bundesländern einen Antrag auf Versetzung aufgrund besonderer Umstände stel-

s. Gymnasiastenretter, S. 56: Die Versetzung ist bedroht

len. Sie müssen die belastenden Faktoren wie zum Beispiel Scheidung, Tod eines Angehörigen oder Krankheit ausführlich darstellen.
Versuchen Sie sich nicht selbst als Nachhilfelehrer. Sie belasten so Ihre Rolle als Mutter oder Vater durch eine verwirrende Zusatzfunktion, in der Sie als verlängerter Arm der Schulanforderungen auftreten.

Suchen Sie Hilfe von außerhalb

Finden Sie einen unbeteiligten »Dritten«, zu dem Ihr Kind Vertrauen fassen kann und der ihm bei seinen Schulproblemen hilft. Bei schweren Einschnitten wie Tod oder plötzliche Trennung können Sie auch eine Therapie in Angriff nehmen. Die Krankenkassen bezahlen in der Regel 25 Stunden, wenn der Hausarzt eine Überweisung ausschreibt und die TherapeutInnen zugelassen sind. In begründeten Fällen übernimmt die Kasse auch bis zu 50 Therapiestunden. Sehr überzeugend wirkt zum Beispiel die Spieltherapie. Falls Ihre Kasse die Bezahlung ablehnt, können Sie mit Hilfe Ihres Hausarztes versuchen, mit der Kasse zu verhandeln.
Die privaten Kassen sind eher bereit, solche Therapien zu finanzieren.

Jetzt möglichst kein Schulwechsel!

Lassen Sie Ihr Kind jetzt keinen Schulwechsel machen, weil die Leistungen für das Gymnasium zu schlecht sind. Ein Schulwechsel bedeutet zunächst noch mehr Streß. Selbst wenn die alte Klassengemeinschaft nicht ideal ist, in einer Phase großer seelischer Belastung ist ein schlechtes aber vertrautes »Zuhause« besser als gar kein Zuhause.

Ursache: Fehlende Einstellung

Schulversagen aufgrund mangelnder Einstellung ist mehr als nur eine Umschreibung des Begriffs »Faulheit«. Nicht jeder ist zupackend und dynamisch, und mancher Pennäler braucht den sprichwörtlichen Tritt, damit er zu arbeiten beginnt. Trotzdem vertritt der Schulprofi die Ansicht, daß hinter »Faulheit« immer mehr steckt als eine Charakterschwäche. Warum Ihr Sohn oder Ihre Tochter nicht an den Schreibtisch geht und einen großen Bogen um die Bücher macht, hat tieferliegende Ursachen. Das Arbeiten für die Schule ist offenbar mit einem Gefühl der Unlust verbunden, weil negative Erfahrungen gemacht wurden. Treffender als Faulheit wäre also der Begriff »Vermeidungsreaktion«.

Warum SchülerInnen das Lernen vermeiden, kann folgende Ursachen haben:

Sechs gängige Ursachen für Arbeitsvermeidung

1. Sie sind am Gymnasium überfordert und bewegen sich ständig an der Grenze ihrer Leistungsfähigkeit.
2. Die fachlichen Lücken sind so groß, daß bei jedem neuen Lernversuch die Grundlagen für das Verständnis des Stoffes fehlen. Man hat einfach den Faden verloren.
3. Lernen und Arbeiten sind mit Angst besetzt, weil die Ergebnisse stets abgewertet wurden. Statt Anerkennung und Lob als Verstärkung zu erhalten, wurde die Leistung negativ beurteilt. Viele Kinder können (wie die Erwachsenen auch!) ihre Leistung nicht von ihrer Person trennen und erleben Kritik als persönliche Zurückweisung.
4. Die SchülerInnen können sich die Arbeit nicht richtig einteilen. Statt kontinuierlich zu arbeiten, schieben sie alles vor sich her und müssen schließlich unübersehbar viel Stoff büffeln. Da läßt man es lieber gleich bleiben.
5. SchülerInnen arbeiten auch »für« die LehrerInnen. Stimmt das Verhältnis nicht, verweigern sie sich aus Trotz und Ablehnung.
6. Schüler, die es in Grundschule und Orientierungsstufe besonders leicht hatten, haben nicht gelernt, sich Stoff mühsam »einzupauken«. Ohne diese Routine fällt es ihnen schwer, wenn sie später tatsächlich große Mengen Text büffeln müssen.

Mögliche Abhilfe

Bevor Sie Ihrem Kind das Etikett »faul« umhängen und es mit Druck und Strenge, also unter Ausbeutung Ihrer eigenen Energie, zum Arbeiten bringen wollen, versuchen Sie lieber, die jeweiligen Ursachen zu ergründen, um gezielt nach Abhilfe zu schaffen.

Wenn es keinen Zweck hat...

Kommen Sie zu der Überzeugung, daß Überforderung die Ursache der Arbeitsvermeidung ist, dann werfen Sie Statusängste und Schuldgefühle endlich über Bord und fassen Sie einen Schulwechsel ins Auge, so daß Ihr Sohn oder Ihre Tochter mehr Erfolgserlebnisse haben wird.

Lernen kann man lernen

Scheitert es an der Methode des Arbeitens und Lernens, ist es nie zu spät, das »Lernen zu lernen«. Wie man sich die Arbeit sinnvoll einteilt, wie man effektiver lernt, vermitteln einschlägige Ratgeber und Lernprogramme (siehe Anhang). Vielerorts bieten Volkshochschulen und sonstige Bildungsinstitute wie etwa die Familienbildungsstätten oder kirchliche Beratungsstellen Kurse an. Regen Sie als Elternvertreter an, daß auch in der Schule selbst vermittelt wird, *wie* und nicht nur *was* man lernt.

Motivation durch Anerkennung

Sprechen Sie mit den LehrerInnen Ihrer Kinder und versuchen Sie ihnen klarzumachen, welche verheerenden Auswirkungen es auf das Arbeitsverhalten hat, wenn nur der negative Anteil der Leistung hervorgehoben wird. Diese alte Lehrerkrankheit, die gerade am Gymnasium grassiert, ist wirklich eine sehr merkwürdige Art der Motivation. Statt zum Beispiel in einem Aufsatz herauszuheben, was gut und ausbaufähig ist, werden nur Fehler und Ausdrucksschwächen angestrichen. Das ganze Heft wimmelt von roten Korrekturen, und Eltern als Outsider rechnen schon mit einer Sechs, da steht unvermittelt »befriedigend« unter der Arbeit. Was aber zufriedenstellend war, werden sie nie erfahren, denn nur die Fehlleistungen wurden markiert. Kein Wunder, daß viele mittelmäßige Schüler, die keine positiven Rückmeldungen über ihre Leistung mehr bekommen, entmutigt aufgeben. Verfallen Sie selbst nicht auch in die Rolle des Hausaufgabenrächers, indem Sie nur alles Negative bemängeln, was Ihre Kinder produzieren. »Das schreibst Du alles noch mal ab, das ist schludrig!« führt nicht gerade dazu, daß sich Ihr Sprößling auch am nächsten Tag mit Freude an die Arbeit begibt!

Das Verhältnis zum Pauker verbessern!

Stimmt das Verhältnis Ihres Sohnes oder Ihrer Tochter zu den LehrerInnen nicht und verweigert er/sie deshalb den Arbeitseinsatz für die jeweiligen Fächer der ProblemlehrerInnen, sollten Sie eingreifen und für Klimaverbesserung sorgen. (Siehe auch Kapitel: »Jetzt gehe ich zu Dr. Specht«)

Fast unlösbar: Desinteresse und kindliche Verspieltheit als Ursache

Was tun, wenn völliges Desinteresse oder kindliche Verspieltheit verhindern, daß Ihr Kind sich am Gymnasium behauptet? Der Schulprofi muß an dieser Stelle offen sagen, daß so ein Problem mangelnder »gymnasialer Reife« schwer zu lösen ist. Abwarten, die Klasse wiederholen lassen, ins Gewissen reden sind die gängigen Lehrertips. Wie es mit viel Glück gelingen kann, aus einem verspielten »unreifen« Bürschchen einen gewissenhaften Gymnasiasten zu machen, zeigt der Fall Simon:

Simon war ein beneidenswert unbeschwerter Junge, dem man eigentlich wünschte, daß er sich den ganzen Tag in seinem Element, das heißt in der Natur und auf dem Fußballplatz, austoben könnte, statt die Schulbank zu drücken und brav Vokabeln zu pauken. Simons Einstellung zur Schule war verheerend. Er sah nicht ein, warum er länger als 10 Minuten an den Hausaufgaben sitzen sollte, und auch die Fächer mit ihrem theoretischen »Quatsch« interessierten ihn nicht. Einzige Ausnahmen: Sport, Werken und Biologie. Seine LehrerInnen waren gegen Ende der Klasse 6 skeptisch, ob es Sinn hatte, ihn weiter am Gymnasium zu belassen. »Es fehlt die Einstellung zur Leistung, das Interesse an den Fächern!« beklagten sie sich bei seinen Eltern.

Der Zufall kam zur Hilfe. Simons Mutter mußte plötzlich im Geschäft ihres Mannes aushelfen, weil ein Mitarbeiter für längere Zeit ausgefallen und kein Ersatz zu finden war. Damit Simon versorgt war, vereinbarte sie mit einer Freundin, daß Simon dort zu Mittag essen konnte und bei den Hausaufgaben betreut wurde. Neben dieser Freundin wohnte zufällig Alexander, das krasse Gegenteil von Simon, denn er war etwas altklug und nahm die Schule sehr ernst. Er wurde »Professor« genannt und genoß diese Rolle sogar. Um sich scharte er eine Clique von leistungsorientierten Mitschülern.

Durch die gemeinsame Heimfahrt im Bus mit Simon freundeten sich die beiden an und trafen sich auch nachmittags, da sie ja vorübergehend Nachbarn waren. Beide Schülerpersönlichkeiten profitierten von diesen Kontakten: Simon nahm etwas von Alexanders Beflissenheit an, während Alexander ein wenig von Simons ausgelassener Kindlichkeit zurückgewann.

Das Wichtigste für Simon: Er fand durch Alexander Anschluß an die Clique der Leistungsorientierten und übernahm die Normen dieser Gruppe, im Klartext »Zweier« als Mindestbedingung für die Zugehörigkeit. Seine Eltern waren begeistert über die Nebeneffekte der neuen Freundschaften!

Der Einfluß der Freundesclique Ihrer Kinder

Was bei Simon Zufall war, kann von Elternseite auch geschickt gesteuert werden. Schon beim Übergang von der Grundschule ans Gymnasium können Sie darauf achten, daß Ihr Kind möglichst nicht ausgerechnet mit Rabauken in einer Klasse zusammenkommt, die die bestehende »kindliche Unreife« nur noch weiter verstärken.

Durch Einladungen oder indem Sie mit den Eltern Kontakt aufnehmen, können Sie weiter versuchen, die Freundesclique Ihrer Kinder zu beeinflussen. Gerade bei Teenagern sind die Anpassung an die Normen und der Gruppendruck viel prägender als gutes Zureden und die Wünsche der Eltern. Sorgen Sie also dafür, daß es möglichst der »richtige« Gruppendruck ist, dem Ihr Sohn oder Ihre Tochter ausgesetzt ist!

Durchhängen in der Pubertät ohne Hängenbleiben

Verzweifelte Eltern

Es ist wie eine Krankheit. Die Auslöser der Pubertät befallen wahllos ihre Opfer und können selbst aus den liebsten Kindern unkontrollierbare Monster machen. Die Pubertät als härtester Prüfstein in der Eltern-Kind-Beziehung bringt viele Erwachsene schier zur Verzweiflung. Rückblickend meinte eine leidgeprüfte Mutter: »Als Carsten diese Punk-Phase durchmachte, sind wir alle auf dem Zahnfleisch gegangen. Es war schlimmer als das Krabbelalter und die Kinderkrankheiten zusammen.«

Die kritischen Jahre: Klasse 7 bis 12

Die meisten Eltern sind froh, wenn sie die schwierige Phase zwischen 12 und 18 Jahren (Ende Klasse 6 bis Klasse 12) überstanden haben und spätestens nach dem Abitur wieder ein vernünftiges Wort mit ihrem Sprößling reden können.

Äußerliche Symptome

Die ersten Anzeichen, daß sich die Hormonausschüttungen drastisch verändern, sind häufig Äußerlichkeiten. Seit Beginn der 90er Jahre war es das Guns n' Roses-T-Shirt, das wie eine Schuluniform den Beginn der Pubertät markierte. Kleidung, von Mutti ausgesucht, ist spätestens an Ende der Klasse 6 untragbar, ohne Doc Martens oder löchrige Converse Chucks der Weg zur Schule nicht vorstellbar. Dreizehnjährige, treffend als Milchzahnrocker bezeichnet, schneiden sich verwegene Schlitze in die Jeans, um cool zu wirken.

Veränderungen der Persönlichkeit

Daß man auf jeden Fall anders aussehen muß, als die Erwachsenen es wollen, daß alle Aktivitäten der Eltern als »öde« gelten, ist ab Klasse 7 Ehrensache. Oft vertreten sind auch Hüte, gerne Baseballkappen, die symbolisch die Veränderung der Persönlichkeit zum Ausdruck bringen sollen. Die äußeren Anzeichen gehen einher mit Wesensänderungen der Teenies, die nun von Stimmungsschwankungen heimgesucht werden, ständig widersprechen und ganz generell für »Zoff« in der Familie sorgen.

Der übliche »Zoff« und die gängigen Streitpunkte

Die Streitobjekte sind so alt wie die Menschheit: Kleidung, Haarlänge, Ausgangszeiten, Ordnung des Zimmers, Familienpflichten, Manieren und nicht zuletzt die schulischen Leistungen.

Bevor es um den spezifischen Bereich Schulversagen in der Pubertät geht, möchte der Schulprofi allen Eltern Mut und Trost zusprechen, die es in der Pubertät ihrer Kinder besonders hart trifft. Bedenken Sie bitte, wenn Ihr Sohn oder Ihre Tochter besonders heftig über die Stränge schlägt, wie schwer es heute für die Pubertierenden ist, ihre Eltern richtig zu schocken. Während es in Ihrer eigenen Generation noch reichte, sich die Haare bis über die Ohren wachsen zu lassen und Beat-Musik zu hören, um zu Hause richtig »Putz zu machen«, müssen die heutigen Jugendlichen mit ihren verständnisvollen, liberalen Eltern schon sehr weit gehen, bis ihre Mütter und Väter endlich die Nerven verlieren.

Wenn es ganz schlimm kommt...

Denn darum geht es ja in der Pubertät: Sich von den Eltern zu lösen und eine eigenständige Persönlichkeit zu werden, die ihren eigenen Geschmack, ihre eigenen Wertvorstellungen und Normen entwickelt. Ohne Krach geht es in dieser Auseinandersetzungsphase einfach nicht ab. Vielleicht wollen die Kids sogar unterbewußt, daß Sie als Mutter oder als Vater endlich die Rolle der häßlichen spießigen Eltern spielen, von denen sich abzugrenzen nicht so schmerzhaft ist.

Abgrenzung und Eigenständigkeit als Ziel

Gerade Kinder, die eine besonders enge Bindung zu ihren Eltern hatten, müssen kräftiger strampeln, um die unsichtbare Nabelschnur zu durchtrennen. Tun Sie Ihren Kindern doch den Gefallen und regen Sie sich tüchtig auf. Nichts wäre schlimmer als ewige Toleranz und Gelassenheit!

Regen Sie sich ruhig auf!

Trösten Sie sich mit der Tatsache, daß es die interessanten, kreativen Persönlichkeiten sind, die in der Pubertät richtig ausflippen. Die psychologischen Praxen sind voll mit Erwachsenen, die unter Persönlichkeitsschwächen und Depressionen leiden. Gerne lautet eine der ersten Fragen der Therapeuten: »Und wie waren Sie während der Pubertät?« Heißt die Antwort »brav und angepaßt«, erhalten die Fachleute bereits einen wichtigen Hinweis auf die Ursachen der Störung.

Die Ablösung ist notwendig

Ihre Aufgabe als Eltern ist es aber dennoch, die Jugendlichen vor sich selbst zu schützen und die schlimmsten Auswüchse der Teenager-Phase unter Kontrolle zu halten. Im außerschulischen Bereich geht es in erster Linie um die gefährlichen Drogenexperimente ein-

Die Gefahren: Drogenexperimente

schließlich Alkohol, die in dieser Phase die Regel sind. Egal, ob Sie im ländlichen Bereich oder in der Stadt leben: Wenn Ihr Sohn oder Ihre Tochter sich zum Beispiel in einer Disco aufhält oder eine größere Fete besucht, sind immer auch andere Gäste anwesend, die Drogen anbieten, in der Regel Haschisch und Aufputschmittel wie Speed oder sogenannte Exe. Alkohol als legale Droge ist allgegenwärtig, und Sie können sicher sein, daß auch Ihr Sohn oder Ihre Tochter nicht am ersten Vollrausch vorbeikommt und sehr wahrscheinlich auch sogenannte harmlose Drogen ausprobiert. Drogenfreie Räume und drogenfreie Schulen gibt es in diesem Sinne nicht. Die Öffentlichkeit nimmt immer nur die Spitze des Eisberges wahr.

Halten Sie die Augen offen!

Seien Sie deshalb nicht blauäugig und setzen Sie klare, wenn es sein muß, knallharte Grenzen. Lassen Sie Minderjährige zum Beispiel nicht auswärts übernachten, wenn die Eltern der Gastgeber nicht zu Hause sind. Verlangen Sie, daß Sie Ihren Sohn oder Ihre Tochter vor dem Schlafengehen immer noch zu Gesicht bekommen.
Leider sind die Symptome von Drogenkonsum identisch mit allgemeinen Begleiterscheinungen der Pubertät wie Müdigkeit, Appetitlosigkeit und Blässe. Da es klare Anzeichen vor allem in der Anfangsphase der Drogenexperimente nicht gibt, sollten Sie immer einen Überblick über die Clique Ihres Sprößlings behalten. Haben Sie den Eindruck, daß bestimmte FreundInnen Ihres Sohnes oder Ihrer Tochter Kontakt zu Drogen haben, sollten Sie auch die LehrerInnen befragen. Auch sie können natürlich nicht wissen, ob ein Schüler drogengefährdet ist, haben aber sehr viel mehr Vergleichsmöglichkeiten und kennen ihre »Pappenheimer«. Rechnen Sie auch offen oder ggf. versteckt grob nach, was mit dem Taschengeld geschieht, wenn Sie vermuten, daß in der Clique Rauschgift konsumiert wird. Auch wenn Sie Ihrem Kind voll und ganz vertrauen: In der Pubertät wird alles anders und es ist ganz normal, daß die Teenies jetzt Geheimnisse vor Ihnen haben. Kalkulieren Sie realistisch ein, daß Sie in dieser Phase auch belogen werden können.
Dasselbe gilt für den schulischen Bereich, was Holgers Eltern schmerzlich erfahren mußten.

Bis zur 7. Klasse war Holger ein Vorzeigekind. In der Schule überdurchschnittlich, sehr ordnungsliebend, vielleicht ein bißchen zu zurückhaltend und schüchtern. In der Freizeit kickte er unter den Augen seines Vaters, der Jugendtrainer des örtlichen Fußballvereins war, und bewies großes Talent. Der stolze Vater, Herr Verhuven, hatte zu seinem ältesten Sohn Holger ein besonders enges Verhältnis. »Wir sind wie Kumpel«, sagte er gern. Doch das partnerschaftliche Verhältnis sollte bald anders werden. Mit 13 Jahren fing Holger an zu wachsen, gleichzeitig wurde er schwierig und unzugänglich. Holgers Stimmungsschwankungen und depressive Phasen waren unübersehbar: Statt auf dem Fußballplatz herumzubolzen, saß er im abgedunkelten Zimmer und lamentierte über seine Außenseiterrolle in der Klasse. In die war er hineingeraten, denn anders als die Mehrheit der Jungen, war Holger noch brav und angepaßt und weigerte sich, bei den Mutproben wie Ex-Trinken, Blaumachen und Zigarettenklauen mitzumachen. Auch äußerlich beugte er sich nicht dem Heavy-Metal-Diktat der Klassenbosse. »Unser Holger ist da vernünftiger« meinte Herr Verhuven, »er redet über alles mit uns und macht diesen Unsinn nicht mit.« Er sollte sich noch wundern.

Es begann damit, daß Holger nach einer Ausflugtour der Ex-Konfirmanden erst um Mitternacht nach Hause kam und sichtlich betrunken war. Dann folgte eine rasante Veränderung seines Lebensstils: Der brave Junge verwandelte sich in ein martialisch gekleidetes Lederwesen mit großem Kreuzohrring, sprengte die Dorfidylle mit phonstarker Rockmusik und ward nie mehr auf dem Fußballplatz gesehen. Statt dessen war er mit seiner neuen Clique zusammen, deren Normen er sich bedingungslos unterwarf. Bierkonsum, Mofakult und nervenzerfetzende Szenen mit den Eltern prägten von nun an Holgers Alltag. Nur ein Thema blieb außen vor: die Schule. Dort schien zunächst alles in Ordnung zu sein. Das nächste Zeugnis wies zwar weniger Zweier auf, war aber noch nicht alarmierend.

Doch ab Klasse 9 ging der Ärger richtig los. Holger kassierte die erste Sechs seines Lebens und zwar in einem Überraschungstest, für den er nicht gelernt hatte. Hausaufgaben erledigen und für die Schule lernen paßten nicht mehr zu Holgers Lifestyle, und die Zeit, in der er von den guten Basiskenntnissen seiner braven Periode zehren konnte, war abgelaufen.

Jetzt in der 9. Klasse gab es knallharte Noten, und die LehrerInnen hatten Durchhänger wie Holger, die nichts mehr für die Schule investierten, längst auf dem Kieker. In den sogenannten Lernfächern wie Latein, Physik, Chemie, Biologie ging seine Leistungskurve so drastisch zurück, daß die Versetzung in die Klasse 10 gefährdet war.

Erst der »blaue Brief« öffnete Familie Verhuven die Augen. Der Vater tobte, aber Holger lachte nur. In seiner Clique galt ein blauer Brief geradezu als Ritterschlag, und er war nun vollends aufgenommen in den erlauchten Kreis der Schulverweigerer. »Ich verbeiß' mich halt nicht mehr in den öden Paukerquatsch«, gab er seinem Vater cool zur Kenntnis. Zum ersten Mal rutschte Herrn Verhuven die Hand aus und knallte Holger eine saftige Ohrfeige. Aus der Traum von der Partnerschaft!

Verzweifelt berieten die Eltern, wie es mit Holger weitergehen sollte. Vom Gymnasium abgehen, Internat, in die Fabrik, Lehre machen, alles stand im Raum. Mit Holger selbst war nicht zu reden. Nach der Ohrfeige verschwand er für drei Tage. Seine Eltern malten sich Holgers Zukunft in den düstersten Farben aus. »So schafft er nie das Abitur!« stöhnte sein Vater und sah Holger schon als versoffenen Altrocker enden, der als Penner herumzog und von der Sozialhilfe lebte.

Auf der Suche nach neuer Identität

Holger ist kein Einzelfall. Ob es nun eine Heavy-Metal-Clique oder Neo-Hippie-Gruppe oder Punk ist, Pubertierende sind auf der Suche nach einer neuen Identität jenseits der Familie. Meistens sind es starke Führungspersönlichkeiten in der Klasse oder unter Freundescliquen außerhalb, die magische Anziehungskraft haben und diktieren, wie sich ein Insider kleiden und verhalten muß, um dazuzugehören. Außer vielleicht in sogenannten Popper- oder Yuppiekreisen gehören zum Verhaltenskodex auch der Protest und die Verweigerung gegenüber den Anforderungen der Schule. Stellvertretend für die ganze Erwachsenengeneration müssen die Pauker den Kopf hinhalten und den Kleinkrieg mit den Pubertierenden ausfechten. Nicht alle Protestler schließen sich solchen »Subkulturen« wie Holgers Rockerclique an. Es gibt auch ganz individualistische Schülerpersönlichkeiten, die sich an den Werten und Normen der Pauker reiben.

Pauker als Stellvertreter der Erwachsenengeneration

Weniger Schulverweigerung: Die Mädchen in der Pubertät

Mädchen geraten auch in den Sog von Cliquen. Untersuchungen belegen aber, daß sie in den kritischen Jahren seltener sitzenbleiben als Jungen. Offenbar protestieren sie im schulischen Leistungsbereich weniger heftig und verhalten sich angepaßter als die Mehrzahl der Jungen. Oft genug richten sie die Aggressionen eher gegen sich selbst. Magersucht, Drogen, Selbstmordgefahr sind eher kennzeichnend für ihre Form der Konfliktverarbeitung.

Die Rolle der Eltern: Schaden abwenden

Zurück zu Holger. Der Schulprofi rät Eltern vor allem eines: Ohren steifhalten und die schwierige Zeit gelassen durchstehen! Sehr hilfreich für alle Eltern ist die Wahrnehmung der Pubertät als Krankheit. Sie geht mit Sicherheit vorüber und Ihre Aufgabe als Mutter oder als Vater ist es, zu verhindern, daß bleibende Schäden entstehen.

Gelassen bleiben, kein überstürztes Panikverhalten!

Für die Teenager sind ihre Protestaktionen natürlich bitterer Ernst. Anders als die Erwachsenen haben sie noch keine realistische Zukunftsperspektive und wissen nicht, daß sie in 10 Jahren über sich selbst lachen werden. Sie als Eltern sollten es zu Ihrer eigenen Entlastung innerlich jetzt schon tun und die pubertären Auswüchse nicht zu ernst nehmen. Fazit dieser gelassenen Einstellung muß sein, daß Sie auf keinen Fall überstürzte, nicht mehr umkehrbare Schritte unternehmen, die Ihren Kindern die zukünftigen Lebenschancen schmälern.

Im Klartext: Wenn Ihr Sohn oder Ihre Tochter am Gymnasium von der Begabung und von der Leistungsfähigkeit her nicht generell überfordert ist, sollten Sie alles tun, damit er oder sie das Abitur an dieser Schulart schafft und das möglichst ohne sinnlos verlorene Jahre durch Sitzenbleiben. Gab es aber schon in den Anfangsklassen des Gymnasium Leistungsschwierigkeiten, dann ist spätestens ab Klasse 8 endlich ein Schlußstrich unter die ständige Überforderung zu ziehen und ein Schulwechsel ins Auge zu fassen.

Mit allen Mitteln zum Abitur durchschleppen!

Prüfen Sie sich selbstkritisch, wenn Ihr pubertierendes Kind am Gymnasium durchhängt und Sie erwägen, es auf eine andere Schulart zurückzustufen, ob nicht auch insgeheime Rachegedanken wie »dem werd' ich's zeigen«, eine Rolle spielen. Quereinsteiger, die von der Real- oder Hauptschule kommend, später das Abitur schaffen wollen, berichten übereinstimmend, wieviel schwerer dieser Weg im Vergleich mit der direkten gymnasialen Laufbahn ist. Das Gymnasium verlangt eigentümliche Formen des Arbeitens, der kritischen Auseinandersetzung mit Fragestellungen, die die ehemaligen Haupt- oder Realschüler so nicht kennen. Die Einarbeitung in Klasse 11 oder 12 erfordert großen Leistungs- und Durchhaltewillen, während am Gymnasium mit dem Sprung in die Oberstufe das Abitur schon fast in der Tasche ist.

Ausnahme: Überforderung

Spätere Umwege zum Abitur sind viel schwerer!

Mit allen Mitteln am Gymnasium halten – das ist die Devise. Dazu gehört auch, daß Sie als Eltern das Sitzenbleiben abwenden müssen und das aus drei Gründen: Zum einen beweisen Untersuchungen, daß die Wiederholung einer Klasse wenig mehr einbringt als das Selbstbild, ein Versager zu sein. Zum anderen müssen SchülerInnen das Gymnasium verlassen, wenn Sie in zwei aufeinanderfolgenden Klassenstufen die Versetzung nicht schaffen. Drittens kostet Sie als Eltern die Ausbildung Ihres Kindes noch mehr Geld, wenn sich alles um ein Jahr verzögert.

Sitzenbleiben unbedingt abwenden!

Auch wenn Sie zornig und verärgert über das renitente Verhalten Ihres Teenies sind, Sie müssen jetzt sein Anwalt sein und Verantwortung übernehmen, wo sein Verhalten selbst verantwortungslos ist. Beherzigen Sie alle Ratschläge des Schulprofis über Lehrer-Bearbeitung und machen Sie PR für Ihren Sprößling mit dem Ziel: Irgendwie durchkommen, die Durststrecke Pubertät ohne Sitzenbleiben überleben. Dazu gehört auch der Einsatz *aller* – auch ju-

Ziehen Sie alle Register als Anwalt Ihres Kindes

ristischer – Mittel. Suchen Sie nach Verfahrensfehlern, stellen Sie Anträge auf Versetzung aus besonderen Gründen oder investieren Sie Geld in Nachhilfe für die Nachprüfung. Weitere Tips finden Sie im »Gymnasiastenretter«.

Aufatmen: Der Sprung in die Oberstufe ist geschafft!

Hat Ihr Sohn oder Ihre Tochter das »Sieben« in Klasse 10 dank Ihrer Hilfe überstanden und den Sprung in die Klasse 11, also in die Oberstufe geschafft, können Sie aufatmen. Das Kurssystem erlaubt die Abwahl unliebsamer Fächer und die Praxis zeigt, daß jetzt nur ein verschwindend kleiner Prozentsatz die Oberstufe nicht schafft. Hinzu kommt die segensreiche Wirkung der Reife. Spätestens am Ende der Zwölf werden aus den pubertierenden Verweigerern wieder ansprechbare »Menschen« mit Verstand und legen mit großer Wahrscheinlichkeit ein passables Abitur hin.

Die Notlösung: Wechsel auf ein anderes Gymnasium

Wenn Ihr Teenager völlig ausflippt und auch nicht mehr die minimalen Anforderungen wie Anwesenheit, Pünktlichkeit etc. erfüllt, weil der Gruppendruck so stark ist, daß anständiges Benehmen nur noch als »Strebertum« abqualifiziert wird, dann sollten Sie den Wechsel auf ein anderes Gymnasium ins Auge fassen. Sie geben Ihrem Sohn oder Ihrer Tochter dann wenigstens die Chance, im Schulbereich ohne Cliquenzwänge Leistung zu zeigen. Sehen Sie sich die Gymnasien der Umgebung persönlich an, sprechen Sie mit Freunden und Bekannten.

Vorsicht bei der Angabe von Gründen für den Schulwechsel!

Wichtig zu wissen ist, daß die SchulleiterInnen anderer Gymnasien Vorbehalte gegen neue SchülerInnen haben, die wegen ihres Verhaltens an einer anderen Schule gescheitert sind. Sie wollen ihrem Personal neue ProblemschülerInnen ersparen. Schulwechsel zum Halbjahr im Februar sind daher besser als nach einer gescheiterten Versetzung.

Erwähnen Sie niemals, daß Ihr Kind Kontakte zu Drogen hatte, denn die Direktoren erhalten gerne die Illusion aufrecht, daß ihre Schule drogenfrei ist. »Er kam nicht mit den Lehrern zurecht« ist auch keine gute Visitenkarte für Ihren Sprößling. Gut ankommen würde: »Am XY-Gymnasium herrscht in der Klasse ein Klima der Leistungsfeindlichkeit. Mein Sohn möchte endlich wieder ohne Gruppendruck lernen und arbeiten.«

Ein Vorteil: Gnaden-Noten beim Abgang

Bei Holger erwies sich der Schulwechsel auf eine katholische Privatschule als segensreich. Die MitschülerInnen dort waren deutlich braver, und Holger lief mit seinem vermeintlich coolen Rockerverhalten ins Leere. Ein Musterschüler wurde er nicht, aber sein Einsatz reichte immerhin für einen guten Dreier-Schnitt auf dem Zeugnis. Als Herr Verhuven Holgers Klassenlehrer nach dem blauen Brief in einem vertraulichen Gespräch sein Leid klagte und Holgers Schulwechsel ankündigte, erzielte er einen Nebeneffekt: Die Fachlehrer der Klasse rundeten Holgers Noten nach oben auf, und er schaffte die Versetzung. Diese Praxis ist üblich, wenn SchülerInnen die Schule verlassen. Die Pauker mögen schwierigen Schülern nicht gerne die Zukunft verbauen. Wenn sie die Zusicherung haben, daß ein Schüler auch wirklich abgeht, sind sie gnädiger, vielleicht als Dankeschön, eine Nervensäge mehr los zu werden.

Auf einem ganz anderen Blatt steht, wie Sie zu Hause mit Ihrem Problem umgehen. Auch wenn Ihnen selbst der ganze pubertäre Unsinn lachhaft erscheint, Sie müssen Ihrem »Kind« vermitteln, daß es ernst genommen wird und daß sein Verhalten wie bei einem Erwachsenen ernste Konsequenzen hat. In anderen Kulturen stehen Jugendliche mit 16 Jahren längst in verantwortungsvoller Berufstätigkeit und haben eine Familie zu versorgen, während in unserer Kultur 16jährige noch wie Kleinkinder behandelt werden. Reagieren Sie also knallhart! Die Teenager wollen sich ja an den Erwachsenen reiben, bieten Sie also Angriffsflächen. Ist zum Beispiel teure Nachhilfe unumgänglich, weil zuvor nur geschludert wurde, ist es durchaus zumutbar, daß ein Jugendlicher selbst durch kleine Jobs einen Teil des Geldes beisteuert.

Elternverhalten zu Hause

Ernste Konsequenzen ziehen!

Für Fälle wie Holger aus unserem Beispiel ist es wichtig, daß Vater und Sohn bei allem »Zoff« doch im Gespräch bleiben. Die Partnerschaftsillusionen der Eltern gehen an der Realität vorbei, und die Kinder, so wie Holger, wollen mit ihrem Verhalten oft genau das klarstellen. Im Gespräch muß ein neues Verhältnis entwickelt werden, auch wenn es für beide Seiten nervenaufreibend und schmerzhaft abläuft.

Im Gespräch bleiben

Mit der Dreifachstrategie: Innerlich gelassenes Abwarten, eingreifen, um Schäden abzuwenden, und harte Auseinandersetzung überstehen Sie die »Krankheit« Pubertät garantiert. Ihr Sohn oder Ihre Tochter werden erst viel später honorieren, daß Ihr Einsatz sie vor unnötigen zeitraubenden Umwegen über andere Schularten oder über den mühevollen zweiten Bildungsweg bewahrt hat.

Literaturhinweise

Eltern-Schüler-Ratgeber allgemein

Gesing, Fritz: Schlechte Noten – was tun? München 1994
Goldstein, Sonja / Sonit, Albert, J.: Wenn Eltern sich trennen. Was wird aus den Kindern? Stuttgart 1989
Kurt, Armin: Gemeinsam Schule machen. Stuttgart 1994
Lay, Gunda: Besser in der Schule. Mentaltraining für Kinder und Jugendliche. München 1987
Piatello-Palmarina, Massimo: Lust am Lernen – Erfolg in der Schule. Frankfurt 1994
Schwinghammer, Herbert: Gute Noten kinderleicht. Prüfungen ohne Angst. Ratgeber für Eltern und Schüler. Wien o. J.
Struck, Peter: Schul- und Erziehungsnot in Deutschland. Ein Ratgeber für Eltern, Lehrer und Bildungspolitiker. Neuwied 1992
Greift fast alle aktuellen Probleme von Teenagern auf, bleibt aber für den Bereich Schule zu allgemein.
Zwettler-Otte, Sylvia: Schulprobleme. Wien 1994
Interessanter psychoanalytischer Ansatz.

Gymnasium allgemein

Heesen, Peter: Das Gymnasium als Eliteschule? In: Persönlichkeitsbildung und Arbeitsmarktorientierung, S. 97–107, 1992
Hentig, Hartmut v.: Die Krise des Abiturs und eine Alternative. Stuttgart 1980
Kazemzahdeh, Foad/Minks, Karl-Heinz/Nigmann, Ralf-Rüdiger: Studierfähigkeit. Eine Untersuchung des Übergangs vom Gymnasium zur Universität. Hochschulinformations-System (Hrsg.). Hannover 1989
Schmidt, Arno: Das Gymnasium im Aufwind. Entwicklung, Struktur, Probleme seiner Oberstufe. Aachen-Hahn 1991
Schmidt, Benno: Zur Geschichte des Gymnasiums – Ein Überblick. Grundwissen und Probleme zur Geschichte und Systematik des deutschen Gymnasiums in Vergangenheit und Gegenwart. Baltmannsweiler 1989
Habel, Werner u. a.: Das Gymnasium zwischen Bildungsprogrammen und Realität. In: Jahrbuch der Schulentwicklung, Band 7, Weinheim 1992

Nachhilfe

Behr, Michael: Nachhilfeunterricht. Erhebungen in einer Grauzone pädagogischer Alltagsrealität. Darmstadt 1990
Bossmann, Dieter N. N.: Eltern Ratgeber: Schlechte Noten. Ein kritischer Führer durch den Nachhilfemarkt. Weinheim 1985
Sehr gut gemachter, z. T. witziger Führer durch den Dschungel der privaten Nachhilfeanbieter sowie Sprachreisen und Internate. Sehr zu empfehlen!
Publikationsliste des ABI-Verbraucherschutzes: Aktion Bildungsinformation e. V., Alte Poststraße 5, 70173 Stuttgart, Telefon 07 11 / 29 93 35

Hilfen zum Lernen lernen

Die folgende Liste zeigt nur eine kleine Auswahl der unübersehbar großen Zahl der Bücher zu diesem Thema.

Adl-Amini, Bijan: So bestehe ich meine Prüfung. Weinheim 1992
Endres, Wolfgang: Beltz Lern-Trainer. Lernen mit Kniff und Pfiff. 9–13 Jahre. Weinheim 1994
Sehr kindgerecht geschrieben.
Leitner, Sebastian: So lernt man lernen. Freiburg, Basel, Wien 1993
Bestseller, klare einfache Sprache, für Schüler geeignet.
Peter, Simon / Gölz, Gerhard: Besser lernen. 5.–7. Schuljahr. Frankfurt 1991
Rücker-Vogler, Ursula: Kinder können entspannt lernen. München 1994
Atem- und Gymnastikübungen zur Entspannung.
Schräder-Naef, Regula: Lerntraining für Erwachsene. Weinheim 1993
Eher für Eltern und OberstufenschülerInnen geeignet.
Schräder-Naef, Regula: Rationeller Lernen lernen. Weinheim 1992
Vollmer, Günter / Hoberg, Gerrit: Top-Training. Stuttgart 1994
Guter, praktischer Übungsteil.

Lernhilfen zum Selbstüben

Fast alle bekannten Schulbuchverlage haben in den letzten Jahren verstärkt Materialien herausgebracht, mit deren Hilfe sich SchülerInnen auch ohne teure NachhilfelehrerInnen selbst oder gemeinsam mit den Eltern fehlenden Stoff oder mangelnde Fertigkeiten aneignen können. Sie dürfen als Eltern von Ihren Kindern allerdings keine Wunder erwarten. Es gehört eine gute Portion Selbstdisziplin dazu, um, mit einem solchen Buch allein gelassen, tatsächlich zielstrebig zu arbeiten.

Die folgende Liste präsentiert nur eine kleine Auswahl:
Feiks, Dieter / Krauß, Ella: Training Rechtschreibung I und II. Stuttgart 1993
Horch-Enzian, Ulrich: Leicht gelernt. Rechtschreiben. Paderborn 1991
Karamanoli, Alkyone: Compact Schülerhilfen Englisch. Unregelmäßige Verben. München 1993
Kohrs, Peter: Besser in Deutsch. Rechtschreiben. Frankfurt 1989
Mehrere Einzelbände für die Schuljahre 5, 6, 7.
Lübke, Diethar: Mentor Lernhilfe. Deutsch – Vorsicht Fehler! München 1991
Mini LÜK Lernspiele. Braunschweig 1993
Plickert, Heinrich: Diktat. Sekundarstufe I. Stuttgart 1993
Tamm, Helmut: Lies mit uns, schreib mit uns. 5./6. Schuljahr. Weinheim 1992

Ratgeber Schulrecht

Hepp, Gerd: Eltern als Partner und Mit-Erzieher in der Schule. Stuttgart 1990
Niehues, Dr. Nobert: Schul- und Prüfungsrecht. München 1983
Thiele, Frank: Kleiner juristischer Wegweiser durch den Schulalltag. Ratgeber für Lehrer, Eltern und Schüler. Baden-Baden 1993.
Verständlich geschrieben.